农业产业转型与农村经济结构升级路径研究

解 静 著

北京工业大学出版社

图书在版编目（CIP）数据

农业产业转型与农村经济结构升级路径研究 ／ 解静
著．— 北京 ： 北京工业大学出版社，2020.4（2021.11 重印）
ISBN 978-7-5639-7422-1

Ⅰ．①农… Ⅱ．①解… Ⅲ．①农村经济—产业结构—
研究—中国②农业经济—经济结构—研究—中国 Ⅳ.
① F321

中国版本图书馆 CIP 数据核字（2020）第 077766 号

农业产业转型与农村经济结构升级路径研究
NONGYE CHANYE ZHUANXING YU NONGCUN JINGJI JIEGOU SHENGJI LUJING YANJIU

著　　者：解　静
责任编辑：郭志霄
封面设计：点墨轩阁
出版发行：北京工业大学出版社
　　　　　（北京市朝阳区平乐园 100 号　邮编：100124）
　　　　　010-67391722（传真）　　bgdcbs@sina.com
经销单位：全国各地新华书店
承印单位：三河市明华印务有限公司
开　　本：710 毫米 ×1000 毫米　1/16
印　　张：11
字　　数：220 千字
版　　次：2020 年 4 月第 1 版
印　　次：2021 年 11 月第 2 次印刷
标准书号：ISBN 978-7-5639-7422-1
定　　价：52.00 元

前　言

农业是国民经济的基础，事关经济社会发展和国计民生。我国历来高度重视农业发展，已经连续十几年将中央一号文件聚焦农业。特别是党的十八大以来，对农业农村工作越来越重视。近年来，随着各级对"三农"问题重视程度的提高以及相关投入的增加，农业农村经济呈现出持续快速发展的良好态势。

农村经济是我国国民经济的重要基础和组成部分。在农村各生产部门和部门内部不同生产项目之间，农村经济结构的比例与组合能够对农业资源起到转换和释放功能的作用。而按照"市场决定结构、结构决定功能、功能决定效益"的逻辑，不同层次的社会需求会产生不同的产品与服务需求结构。农业产业结构的变动会促使农业与农村产业结构更加合理，并朝着专业化、多样化与高级化的方向发展。

本书立足于农村经济的发展需求，对农业产业转型与农村经济结构升级路径进行了研究，旨在为农民收入的持续稳定增长和小康社会的全面建成提供借鉴与指导。本书共七章，分别为农业产业转型概述、农业产业转型的必要性分析、农业产业转型的影响因素、国外农业产业转型的经验及其启示、农村经济结构现状与调整、农村经济发展的影响因素、农业产业转型与农村经济结构升级路径。

笔者在撰写的过程中，参考了大量的相关资料，在此，向涉及的专家和学者表示诚挚的谢意。由于撰写时间和水平有限，尽管笔者尽心尽力，反复推敲核实，但书中难免有疏漏及不妥之处，恳请广大读者批评指正。

目　录

第一章　农业产业转型概述

从传统农业向现代农业的变迁在历史上被统称为农业转型。在这一历史过程中，传统农业理论、现代农业理论、农民学理论和以组织为参照点的农业资本主义理论从土地、劳动、资本和生产组织等不同方面来阐释农业变迁。

第一节　农业产业转型的概念界定

国际上，较早提出"农业转型"一词的是托达罗。托达罗认为农业转型就是农业发展阶段的演进。他将农业发展阶段演变分为三个阶段：第一个阶段是最原始的维持生存的传统农业阶段；第二个阶段是混合和多样化的家庭农业阶段；第三个阶段是专业化的现代农业阶段。在这个框架之下，很多学者对农业产业转型问题进行了研究，也形成了不同的观点和看法。综合来看，学术界中关于农业产业转型概念的主要观点有以下几种。

第一种观点：农业产业转型是一个以市场化为导向、以推进农业产业化经营为主体的经营机制转换过程，即由小生产向大生产推进、由分散经营向一体化经营跃升、由粗放经营向集约化经营转换的过程。这种观点也被称为"农业产业转型论"。

第二种观点：农业产业转型是一个持续不断的制度变迁的过程。就农业产业转型的本质而言，它不仅仅是简单地用一种管理方式替代另一种管理方式，用一种调节机制代替另一种调节机制，其本身蕴含着复杂的制度变迁和社会变革的过程。而且这种社会变革必须是与经济发展模式相联系和相适应的。因此，农业产业转型是一个与生产力发展、经济基础和社会结构等制度变革有机地联系在一起的制度变迁的过程。这种观点被称为"制度变迁农业转型论"。

第三种观点：农业产业转型是以实现农业现代化为具体目标的，是农业由传统农业向现代化农业转型的过程。但同时这一过程还伴随着制度变迁、体制改革、技术创新、生产方式转换、产业组织形式转型、结构调整和优化、增长方式转变等形式，因此这种观点也被称为"广义农业转型论"。

第四种观点：农业产业转型是将农业从以农业为主导的产业结构转向以非农产业为主导的产业结构的转化过程。这种产业结构的转化具体包括农业结构层次的高级化、农业结构形态的高质化和农业结构功能的高附加值化。这种观点也被称为"狭义农业转型论"。

虽然上述各种观点对农业产业转型的定义的具体描述不尽相同，但对农业产业转型的内涵表述基本一致，大体上都将之表述为对传统农业进行改造，实现和发展现代农业的过程，即实现由传统农业向现代农业的转型。

第二节 农业产业转型的发展方向

一、从计划农业向市场农业转型

在我国计划经济时期，农业领域也实行计划经济的制度和体制，国家通过制定各种类型的计划对农业生产与资源配置进行高度集中的调节和管理。计划农业的缺点不言而喻，导致我国农业的长期弱质性。同时这些缺点也成为我国农业领域启动制度与体制改革的基点，引领我国经济逐步迈入市场化改革发展的轨道。在这一转型过程中，我国农业计划调节和配置的范围逐步缩小，而市场调节和配置的范围逐步扩大，市场机制在我国农业资源配置中的基础性作用日益增强。农业由计划调节向市场调节的转换过程，同时也是我国农业的市场化过程。但从目前的实践来看，转型发展问题的关键在于如何在既定的制度基础上，建立"经营形式"与"市场机制"之间新的均衡机制。众所周知，党的十五大以来，我国农业和农村经济的发展进入了一个新阶段，出现了一系列新特点。以家庭为基础的承包经营制度不断巩固和完善，农村集体经济和合作经济得到一定的发展，土地承包经营关系进入第二轮的"30年不变"，在坚持统分结合的双层经营机制的基础上，我国逐步推进了土地经营权关系的变革与创新；农村市场化建设步伐加快；农业产业化经营不断发展，对相关产业，特别是对农村非农产业（第二、三产业）的发展产生了一定的推动作用；农业产业结构和产品结构的合理化水平不断提高，初步形成了以粮食作物、经济作物和饲料作物为主导的"三元产业格局"，同时形成了以"优质、高效、特色、专用"产品为主体的产品结构体系；农业产业布局逐步趋于合理化，主要农产品逐步向优势产区集中，资源比较优势逐步显现出来；非农产业持续快速发展，乡镇企业逐步摆脱低谷；城乡经济互动，共同发展，农村城镇化水平不断提高。

可以说，这些新特点既是我国农业和农村经济发展进入新的成长阶段的标志，同时也揭示了在新的发展阶段中，我国农业和农村经济转型发展将面临更为严峻的问题：当我国农业进入新一轮的发展阶段时，家庭联产承包责任制对提高农业的自我积累和自我发展能力、促进农业的转型发展等方面的作用已日益弱化。实际上，尽管我国农业已经进入发展的新阶段，但其制度基础的核心（家庭联产承包责任制）却并未发生更深刻的变化。如何在不断巩固和完善这一制度的基础上，实现农业更快地增长，成为在新阶段中，农业发展的主题。

二、从传统小农业向现代大农业转型

可以从许多不同的侧面对我国传统农业的特征加以描述，如经营规模、技术运用、耕作方法、组织化程度、市场意识等方面。所有这些描述的整合为我们揭示出了传统农业的基本特质。因此，本书认为我国传统农业可被称为"小农业"。"小农业"通常内生"小市场、小经营"，从而使农业成为弱质产业。我国家庭联产承包责任制下的农业，尽管具有一定的发展活力，但其制度变迁的空间有限，并且持续的制度变迁的成本也将增加。因此，家庭联产承包责任制虽然实现了对传统集体经营制的替代，但生产的经营形式或经营机制却由集体回归到家庭。换言之，这种回归现象至少表明，我国农业的经营规模以及在组织化方面实际上仍处于相对较低的水平。进一步分析后还可以得出，在家庭联产承包责任制下，农业的技术运用、基础设施投资以及防范市场风险等方面的能力实际也很弱。这表明：我国目前尽管实现了农业经营的制度变迁，但小农业的弱质性将会继续存在下去。那么，如何在稳定家庭联产承包责任制的框架下，消除小农业自身的弱质性？目前，在学术界中基本一致的观点是，应对家庭联产承包责任制实行有限制度变迁，即通过各种不同形态的创新制度安排来达到增加制度收益的预期。其中，"创新制度安排"较为典型、具有代表性意义的一种形态就是生产"组织形式"的创新或变迁，即由"农户经营"向"以农户为主体的联合体的集体经营"复归。这种"以农户为主体的联合体"的组织形态，就是目前在我国农村中广泛存在的"农业合作制""农业股份制""股份合作制""农业产业化"等经济形式。作为新型的农业经营形式，这些经济形态表现出了无可替代的优越性，是我国实现由传统小农业向现代大农业转型的必由之路。

三、从封闭农业向开放农业转型

中国具有的最充裕的要素是劳动力，较稀缺的要素是资本、技术和土地。相对于其他产业部门而言，中国的农业属于劳动密集型产业，中国农业的比较优势集中于劳动力资源，因此将中国农业的比较资源优势转化为比较竞争优势的关键是如何使中国农业劳动力资源得到最合理有效的配置。但是，在封闭农业的体制下，这一转换机制受到极大限制和约束。封闭农业也叫作"内向型农业"，其基本特征可被概括为"国内生产、国内市场、国内分工"。这种"内向型"格局所导致的农业"分工不经济""规模不经济"，使我国农业的比较利益长期处于十分低下的水平。因此，在农业领域实行对外开放，发展"外向型农业"将是我国农业充分发挥比较优势的必然举措。"外向型农业"坚持"两个市场、两种资源、国际分工"的发展原则，将国内市场与国际市场有机衔接起来，将国内分工有效嵌入国际分工体系中，依据比较优势原理组织和配置农业经济资源。相对于封闭农业而言，开放农业在一定程度上使我国农业具有比较资源优势。因此，从理论上说，农业开放将使中国农业从世界农产品贸易自由化中获取巨大的相对收益。

但是预期的开放收益并不等于现实的经济收益。在特定经济发展阶段中，预期的开放收益取决于农业对外开放在质、量、度等方面的实际状况。而农业的开放性与农业的产业性质有关。越是弱质的农业，开放启动就越困难，而开放性越弱，农业的比较资源优势也就越难以有效转换，从而使农业产业性质的提升也就越困难。因此，农业开放与农业转型发展实际上是一个辩证统一的过程，而架设由封闭农业向开放农业持续深入转变的桥梁就是农业产业化经营。可从两个方面对此加以阐述。第一，国内市场需求扩大受限，使得中国农业的发展后劲不可能完全依赖国内市场的需求拉动。我国自 20 世纪 70 年代末 80 年代初期启动农村经济改革以来，农产品的国内市场需求一直就是一个重要的制约因素。例如，20 世纪 80 年代中期的农产品"难卖"问题，成为抑制基于家庭联产承包责任制的制度变迁绩效（产量增长绩效）提升的主要力量；随后，20 世纪 80 年代末 90 年代初期的整个市场疲软，使我国农业面临极大的供给约束压力；而自 1996 年下半年开始的持续经济增长衰退，则严重地制约了我国农业发展的后劲，主要农产品的国内市场需求严重不足，需求增长显示出持续递减趋势。这些情况表明，国内市场的需求拉动已经十分有限。第二，农业产业化经营是实现我国农业与国际市场有效接轨的重要途径。国际市场是一个具有严格"标准性"和"交易规则约束"的市场，因此国际市场上的农产品流通也就具有严格的组织化和标准化的职能。这些职能要求农产品的供给必须符合国际惯例或规则，否则将难以有效进入国际市场。这就要求农业生产具有规模性、专门性、组织性和高度的技术集约性。换言之，小农业将被国际市场拒之门外，只有现代农业才能实现与国际市场的有效接轨。现在的问题是，我国农业的现代化水平相对较低，农业生产的规模、专业化、技术集约性都十分有限。因此，若想有效参与国际分工并实现预期的比较利益，不在根本上改变我国传统小农业的生产方式是不可能的。由此可见，尽管国际市场对我国农产品的有效需求巨大，但由于我国小农业生产的局限性使得这些有效需求的实现受到了相对限制。通过农业产业化经营的转型发展，不断提升我国农业的现代化水平，将是促进这些国际市场潜在需求转化为现实需求的基础。

第三节　全球化下的农业发展态势

进入 21 世纪后，全球一体化和经济全球化的趋势越来越明显。农业作为世界各国的重要产业，其发展既面临新的、难得的历史机遇，同时也面临着诸多困难和挑战。我国农业在经济全球化和现代科技进步等大背景下，也发生着深刻的变化，当前我国农业的发展有以下几个明显趋势。

一、科学技术和信息技术推动农业发展

（一）科学技术已成为推动农业发展的根本动力

科学技术是第一生产力，是先进生产力的集中体现和主要标志，其应用转化为包括农业在内的经济社会各领域的发展创造了新的跨越式的发展机会。从宏观上看，全球农业正处于传统农业与现代农业并存阶段，无论是加速由传统农业向现代农业转变，还是推动现代农业向更高层次发展，都越来越依靠科学技术。从客观上看，一方面，发展农业经济，大幅度提高土地利用率、劳动生产率和产品的商品率，提高整体效益，必须依靠科学技术的进步；另一方面，科学技术的迅速发展推动了农业生产日益科技化，也使得科学技术成为推动农业发展的根本动力。

科学技术的进步与应用对农业生产结构、农业生产方式、农业生产效率以及农村社会发展、农民生活水平等都产生了巨大影响。20 世纪中后期兴起的设施农业、精准农业等，无不是农业科技进步及农业科技成果广泛应用的结晶。

农业产业化要取得实质性的重大突破，就要依赖于科技进步。据统计，发达国家科学技术对农业增长的贡献率平均达 80% 以上。

科学技术发展与应用对全球农业的推动作用突出表现在两个方面。一是以基因工程为核心的现代生物技术应用于农业领域，培育出一批产量更高、质量更优、适应性更强的农作物新品种，使农业的自然生产过程越来越多地受到人类的直接控制。利用生物技术，人类已培育出一批具有优质、高产、多抗、专用、特用等目标性状的水稻、小麦、棉花、蔬菜以及猪、羊、兔等动植物新品种。利用物理及化学诱变源技术、染色体技术、细胞工程育种技术、基因工程育种技术、分子标记辅助育种技术等生物技术，不断丰富了农作物遗传改良途径，不断创新了育种技术和方法，并将之成功应用于玉米、水稻、小麦、棉花、油菜等农作物的种子改良。同时，畜禽育种及繁殖技术、细胞遗传学和分子遗传学的应用，为培育出许多优良的畜禽新品种提供了技术基础，家畜胚胎移植技术及其他繁殖新技术已经产业化。二是以高科技为基础的设施农业逐渐兴起，从根本上改变了农业的传统生产方式。随着农业环境工程技术的发展，设施农业也迅速发展起来。农业环境工程技术是一种集约化程度很高的农业生产技术。设施农业摆脱了传统农业生产条件下自然气候、季节变化的制约，不仅使单位面积产量及畜禽个体产量大幅度增长，而且保证了农牧产品的供应，尤其是保证了蔬菜、瓜果和肉、蛋、奶的全年均衡供应。其中，工厂化种植技术使农作物的生长速度大大加快，生产周期大大缩短，产量大大增加；工厂化养畜禽技术通过人工控制环境温度和饲养等，使鸡、猪、羊、牛等禽兽的产肉量、产蛋（产奶）量大大增加。而在此基础上的工厂化农业车间，则将种植业和养殖业结合起来，形成了连续的产业线。在知识经济与经济全球化进程明显加快，科技实力竞争已成为全球各国综合国力竞争核心的大背景下，全球农业发展的实践证明农业发展已离不开科学技术的应用。同时，科学技术在推动农业产业化方面也具有决定性作用。先进国家的农业产业化建设，无论是在生产领域、加工贮藏领域还是经营管理领域，都非常注重提高科技含量，提高劳动者素质，提高劳动生产率，以加快农业科技向现实生产力转化。

为推动科学技术在农业领域的深入应用，提高农业产业化发展水平，全球主要国家和地区纷纷制订农业发展规划，制定农业科技政策，调整和改革农业科技体制和运行体制，增加农业科技投入，加速农业科技产业化发展。受此推动，以农业生物技术和信息技术为特征的新的农业科技革命浪潮正在全球各国全面兴起。在这场浪潮中，美国、日本、德国等发达国家主要选择了以高新技术领域作为竞争的突破口，如利用生物技术来生产农药、动物疫苗、动植物生物调节剂、生物肥料、生物反应器等，推动了农业向优质、高效、无污染方向发展；通过应用信息技术，以及在此基础上发展起来的遥感技术、地理信息系统技术、全球定位技术等在农业生产中，极大地提高了农业生产过程的可控程度。发展中国家则选择以主要作物的高产品种和高产技术为突破口，发展灌溉技术和旱作技术，以解决大片半干旱、干旱和沙漠地区的农业生产问题，全面推动第二次绿色革命。

在推动农业快速发展的同时，农业科学技术自身也实现了突破。农业科学通过与生物科学的交融、更新和拓展，从理论、方法、技术手段上加速更新传统的农业科学及基础学科（如遗传学、育种学、土壤肥料学、作物栽培学、畜禽饲养等），发展已经形成的交叉学科（如农业生物学、农业物理学、农业气象学、农业工程学等），促进农业新的分支边缘学科体系的构建（如农业生物工程学、农业能源学、农业环境学、农业信息学、核农学、太空农学等），从而在学科分化和综合的基础上，从整体水平、学科结构、应用领域方面把农业科学推进一个新的发展阶段。

为推动农业发展水平的进一步提升，全球农业科技发展正以优化结构、增加产量、提升品质、提高资源利用率和经济效益、保护生态环境为主要目标，围绕六大项任务开展工作。一是充分利用生物的遗传潜力，培育高产、优质、抗逆性强的动植物新品种，重视资源与环境问题。二是保持和提高土壤肥力，通过土壤培肥和科学施肥，改善土壤物理化学性质，创造有利于作物生长的最佳条件，提高土地生产力。三是保护和有效利用水资源，缓解水资源不足和农业需水量增加的双重压力，提高水资源利用率。四是确保食物安全、人类健康，建立和完善一套有效的粮食与食物保障体系，改善人们的膳食结构，提高营养水平和健康水平。五是提高科学种植与养殖水平，提高农业生产各个环节的科学化、规范化、标准化，提高农业防御自然灾害能力，提高动植物综合生产力。六是改进农产品加工、贮运技术，大力发展农产品保鲜、加工、贮运、包装、销售和综合利用等技术，为农业产业化经营提供技术保证。

为此，全球农业科技正在深度和广度上进一步发展，集中表现出以下趋势。一是农业科技成果，尤其是创新成果将不断涌现，特别是在农业生物技术（包括基因资源的收集、转基因动技术、基因工程育种、动物克隆技术等）、农业工程技术（包括设施农业技术、农产品加工增值技术、高效节水少肥减药技术、农业机械化技术等）和农业信息技术（包括农业专家系统、网络技术及应用、虚拟农业、精准农业等）等方面将会有新的突破、新的飞跃。二是农业科技贡献率进一步提高。三是农业科技成果的普及和应用渗透农业的方方面面，这样，农业科技成果不仅能在农业生产过程中发挥作用，而且在农业产前、产后能发挥作用，真正实现产前—产中—产后相结合，科研成果产出—推广—应用—普及一条龙。总体来看，随着未来新技术、新材料、新能源的出现，将使现代农业发生深刻变化，农业生产率显著提高。

（二）信息技术的支撑推动作用日益增强

信息技术是21世纪农业发展的主要科学技术之一。信息化是全球农业发展的大趋势。当前，信息技术正在渗透到农业的各个领域，使农业生产活动与整个社会紧密联系在一起，可以充分利用社会资源解决生产过程中的困难，对整个农业生产、农业经济、农业科研、农业教育以及农村发展和农村文化生活产生无法估量的积极影响，推动农业发展进入新的阶段。同时，从工业化社会走向信息化社会，从农业现代化走向农业信息化，是人类社会进步和农业发展的里程碑。发达国家正力图保持在农业信息科学技术领域的领先地位，发展中国家也力图在若干重要领域占领农业信息科学技术的前沿阵地，充分发挥信息技术对农业发展的支撑作用已成为推动农业发展的必由之道。

信息技术的应用能够加速传统农业的信息化改造和农业管理自动化。信息技术可以应用于农业环境与控制、动植物生产、动物育种、农业机械、防灾减灾、农产品贮藏与加工、农业经济管理等各个领域，使经验型和分散型的农业技术趋于定量化、规范化和集成化，改变农业科技和生产管理的经验性强、科学性与精确性不够的缺陷。例如，21世纪将有更大发展空间的"精准农业"就是一种利用信息技术获取数据以支持作物生产决策的管理策略，其根本目的就是要提高资源利用率，增加利润，减少农业生产对环境的负面影响。具体来看，信息技术对农业发展的支撑推动作用突出表现在农业生产、农产品流通、农业管理等过程中。

在农业生产过程中，信息技术已应用于农业基础设施装备中，能够实现通过计算机自动控制水泵抽水和沟渠灌溉排水的时间与流量，能够自动监测、调节和控制农产品仓储内部的因素变化，能够自动控制畜禽棚舍的饲养环境。信息技术在农业技术操作方面的应用，实现了农作物栽培管理的自动化，可以通过在田间设置自动养分测试仪或设置各种探针定时获取数据，利用计算机分析数据，确定施肥时间、施肥量、施肥方法，使用田间遥控自动施肥机具实现自动施肥；实现了农作物病虫害防治的信息化，可以通过在田间设置监测信息系统，通过网络发出预测预报，利用计算机模型分析，确定防治时间和方法，采用自控机具、生物防治方法或综合防治方法，对病虫害实行有效的控制；实现了畜禽饲养管理的自动化，可以通过埋置于家畜体内的微型计算机及时发出有关家畜新陈代谢状况的信息，通过计算机模拟运算，及时判断家畜对于饲养条件的要求，及时实现输送饲料，实现科学饲养。

在农产品流通过程中，农产品批发市场通过采用电子结算等现代交易方式，促进交易。利用信息技术还可以建立能提供政策、市场、资源、技术、生活等信息的网络体系，及时准确地向农民提供政策信息、技术信息、价格信息、生产信息、库存信息以及气象信息，提供中长期的市场预测分析，指导帮助农民按照市场需求来生产和经营。同时，运用电子商务等灵活的信息技术手段，农民可以在网上洽谈，交易在网上实现，降低农产品的销售成本；通过网上信息分析和专家的科学预测，农民可以在网上获得市场行情和发展预测分析，在网上获得农业生产订单，减少农业生产的盲目性；利用计算机网络技术，农业生产者可以与不同产业结盟，共同经营，共同管理，共同打造品牌，稳定市场占有量，并不断拓展新的市场。

在农业管理过程中，计算机决策支持系统能根据农场自身具体情况，及时进行模拟决策，还可以即时了解市场信息和政策信息，按照市场需求选择生产和合理销售产品，以发挥优势，取得最佳的经济效益。通过进入外部的信息网络，农场经营者广泛获取各种先进的科学技术信息，选择最适用的先进技术，装备自己的农场，不断提高农场土地生产力和劳动生产力，以获取最佳的生产效益。

信息技术还为农业科技研究提供了重要手段。借助于信息技术手段，系统方法、信息方法和控制方法等将在农业科研中发挥无法估量的巨大作用。信息技术为农业科研开辟了全新的领域，农业各行业均需要开发出大量的应用软件。全球信息资源网将为农业高新技术的跨国家、远距离的研究、交流和转让创造条件。同时，农业信息化将使未来全球农业具有一系列不同于现代农业的特征，使资源的利用率和劳动生产率显著提高，降低对环境的负面影响。受惠于信息技术的发展和广泛深入应用，现代农业的智能化程度将越来越高，农业自控化、智能化和数字化程度将不断提高，农事操作将更加标准、科学和高效。

二、规模发展是重要方式，跨国企业的主导地位稳固

（一）规模发展已成为推动农业发展的重要方式

农业生产规模越来越大，经营越来越产业化、一体化和社会化。这使得规模发展成为现代农业发展的必然。通过增加投入、应用先进的科学技术和装备、

强化组织管理等，集约化的现代农业生产规模越来越大。规模发展使农户在广泛参与专业化生产和社会化分工的基础上，能够运用产业化方式经营农业，从而取得更佳的效益。从实践来看，国际市场上许多具有独特竞争优势的农产品都来自大规模的专业化农业产业区，如来自美国玉米带和棉花带的玉米、棉花，来自荷兰的花卉、比利时的鸡肉产品等。这些产业区往往以某种农产品为核心，集中了专业的农产品生产者、加工者、销售者以及科研、服务机构，以专业化和规模化形成独特竞争优势。可以说，规模化发展和与之相应的专业化发展已成为全球现代农业发展的重要方式和趋势。

截至目前，占世界总耕地面积46%、总人口24%的工业化国家，已步入现代农业发展阶段，并根据各自的特殊国情，构建和完善了本国的现代农业体系。相关资料表明，虽然不同农业发达国家发展现代农业的途径不同，但无论是劳动节约型国家、土地节约型国家，还是综合性技术进步型国家，规模化发展都是其发展现代农业的核心途径。作为劳动节约型的美国、加拿大和澳大利亚等国，农业自然资源丰富，地广人稀，劳动力短缺，但具有资金优势，其现代农业发展以规模化经营、提高劳动生产率为主。而作为土地节约型的荷兰、日本、比利时等国家，耕地资源短缺，人多地少，劳动力昂贵，主要通过集约化和规模化经营，提高劳动生产率和土地生产率。它们根据自身资源特点，优化产业内部结构，发展花卉业、蔬菜业、畜牧业等；同时发展设施农业，提高资源利用率，实行规模化和产业化经营，提高劳动生产率。属于综合性技术进步型的德国、法国和英国等国家，耕地资源不足，人口稀少，在雄厚的工业和技术基础上，走机械化和高科技的现代农业综合发展之路。它们积极促进农户规模升级，逐步扩大经营规模，并建立多元化、社会化的农业经济合作组织和技术服务体系，支撑农业规模发展。

规模发展使农业生产效率和生产效益显著提高。例如，很早就实现了农业生产全机械化作业的美国，平均每个农场建筑与土地市场价值为53.8万美元，而每个农场机械与设备市场价值就达到6.66万美元，为世界最高水平。与大多数农业国家相比，美国的农业生产模式尽管主要以家庭农场为主，但农场的平均经营规模较大，从而更容易实现农业生产的规模效益。

可见，规模化是现代农业发展的必然方向。单个小规模农户对自然灾害的防范、控制、化解能力差，在遭遇灾害时损失较大，不但不具有市场价格谈判能力，反而容易被市场价格左右，获利小。而通过组织集中和规模化发展可以降低交易成本、延长产业链条、扩大经营规模，因此提高了抗风险能力和生产效率。而且，组织集中还促成集中后的组织能够建立更有效的制度体系。针对多阶段的农业产业特性，满足优化产品结构的需求，组织往往会选择垂直一体化和横向合并的方式实现集中。组织的垂直一体化使上下游产业联动，实现产业链协同的规模收益；组织的横向合并在增加多样性产品的同时降低了产业风险。无论是垂直一体化还是横向合并都是组织为减少交易成本、增加规模收益的内部化行为选择。

（二）农业跨国企业的主导地位日益稳固

人们的传统观点是农业是最接近完全竞争的产业。但自 20 世纪 80 年代以来，农业跨国企业异军突起，不但改变了所在国农业组织模式和产业市场结构，获得了组织规模集中的巨额利润，而且随着进入发展中国家的资源供应市场、技术市场和食物供应链环节的全球化，实现全球农业布局，将世界农业市场纳入一体化运作中，为跨国企业获得巨额利润奠定了稳定而持久的基础。农业跨国企业成为主导全球现代农业发展的重要主体。

农业跨国企业发展与世界农业集中态势是相伴出现的。在 20 世纪 70 年代中期以前，绝大部分集中业务局限于一国范围内，如美国、英国、日本、德国、法国、荷兰、加拿大等发达农业国家和巴西、墨西哥、阿根廷、印度等发展中国家。20 世纪 70 年代以后，发达农业国家的私人企业对发展中国家的投资控股比例不断上升，世界农业集中趋势得以加强。20 世纪 90 年代以后，发达国家转基因农业生物技术私人专利授予制度的确立催生了农业集中的新趋势，也加快了世界农业集中步伐。

农业跨国企业对现代农业的主导作用主要表现在三个方面。

一是农业跨国企业控制农产品贸易，使全球农业贸易集中了起来。目前，全球粮食交易量的 80% 被四大粮商所控制。2007 年，全球油籽、谷物、糖等主要食品的加工和贸易被十一家企业所控制。全球农业化学、生物技术、动物医药、种子等的集中度达到甚至超过了 50%。

二是农业跨国企业控制农业生产，使外直接投资（FDI）集中了起来。农业的地域性和比较利益使其一向不被跨国投资企业所重视，但 2009 年世界投资报告显示，全球 FDI 的最新趋势是跨国企业在参与农业生产方面发挥了作用。该报告称，发达国家的跨国企业是农业的主要外资来源，这些跨国企业在农业综合产业价值链中的供应、加工、分销等环节居于主导地位，供应、加工、分销农产品是其进入相关国家农业体系的一种新的非股权投资方式，订单农业遍及 110 多个发展中国家和中等发达国家。大部分跨国企业投资发展中经济体和转型经济体的目标是经济作物，且具有明显的区域专门化趋势，例如：在南美国家投资小麦、水稻、甘蔗、水果、黄豆和肉禽，在中美洲投资水果和甘蔗，在非洲种水稻、小麦和油料作物，在南亚投资大规模的水稻和小麦生产等。对非洲的油籽作物项目和南美的甘蔗项目投资表明跨国企业对生物燃料作物的兴趣与日俱增。

三是农业跨国企业在农业源头主要作物种子领域的迅速集中成为农业集中的新趋势。种子领域的集中是 20 世纪 90 年代以来跨国农业企业竞相追逐的重点领域，代表农业集中的新变化。2004 年，世界十一大种子企业的销售额占全球 210 亿美元销售额的 50%。这一集中度意味着全球主要作物粮食、棉花、蔬菜和瓜果的品种、产量和质量基本上被少数几家大型跨国农业企业所垄断。总之，农业从国内集中发展到世界集中的趋势表明，农业产业已经被少数企业纳入其一体化范畴；世界农业体系以及未来农业格局正在少数大企业的战略管理目标下一体化推进，深刻影响着世界农业的现在和未来。

三、产业化发展推动生产主体的组织形式变革

（一）农业产业化成为农业发展的必然选择

农业的市场化推动和引领了农业的产业化发展。产业化农业对农业发展的催化作用日益显著。农业产业化也被称为一体化农业，是农业发展到一定阶段的必然产物，是现代农业发展的方向和一般途径，既指生产、加工、运销等产业结合在一起的经营形式，也指农业生产者与工商企业结合在一起的经济联合。与传统的"农民农业"相比，产业化农业具有企业规模较大、拥有较强的农业技术力量、实行高度的专业化生产和科学化组织、使用现代化的农业生产装备和现代化的经营管理方法、商品率高、从业者为非传统意义上的农民、其农产品在国际市场上具有较强的竞争力等基本特点。

发达国家的农业一体化起源于第二次世界大战后的农业振兴时期。当时，发达国家进入农业现代化发展阶段，开始利用工业发展积累的资金、技术、设备反哺农业；以家庭农场为主的经营方式有长期发展农业合作社的传统，农业公司也纷纷崛起；农业管理科学技术手段和信息传递方式的现代化程度普遍提高，微电子技术广泛应用于农业生产管理中，为农业一体化的实现提供了物质技术条件。同时，西方国家建立的市场经济体制经过三百多年的发展，在历经自由市场经济、垄断市场经济后，发展为现代市场经济。政府通过一系列宏观政策支持农业的发展，为农业一体化的形成提供了政策保障。

从 20 世纪中叶开始，北美和欧洲的一些发达国家的农业产业化进入发展

时期。究其原因，一是第二次世界大战结束后社会安定，使农业生产力得到迅速恢复和发展，而流通与生产不相适应的矛盾、小生产与社会化需求之间的矛盾、城乡之间及工商企业与农牧场主之间的利益分配矛盾日益突出。为寻求解决这些矛盾的方法，一些国家开始实行产、加、销一体化经营。二是社会经济发展为农业产业化打下了物质基础，创造了条件。1945 年后，西方国家工业化水平迅速提高，工业积累增加，具备了反哺农业的条件。农业作为相对独立的产业，迫切需要建立自己的产业体系及相关产业群，进行社会化经营。国际贸易的高速发展，要求各国实行农业产业化经营以提高国际市场竞争力。三是西方国家食品经济系统的带动加快了农业产业化的进程。20 世纪 50 年代以前，农场经营者很少关心其产前和产后部门以及生产的商品化，自给性农业很少涉及中间消费和销售问题。第二次世界大战后，随着农业产出量的大幅度增长，消费饱和，生产过剩。为了销售农产品，各种食品加工企业在农村兴起，食品工业增加值超过了农业。1960—1980 年，法国农业增加值增长了 3.6 倍，食品系统的增加值增长了 9.3 倍。在美国，食品杂货零售店和批发商采取纵向一体化的组织形式。1988 年，美国食品杂货店不足 16.6 万个，20 个最大的食品杂货连锁店的销售额约占全部销售额的 40%。同年，美国消费者在零售业支付的食品费用达 4650 亿美元，其农场价值为 970 亿美元，销售系统的增加值达 3680 亿美元。农场产品仅仅提供原料，而销售系统提供的制成品则增加了时间效用、形式效用、区位效用和满足效用，其价值比初级产品的价值高出两倍。这样，西方国家把食品工业作为农业和农村多样化的主导行业，带动了整个农业和农村经济社会的发展。

在内外因素的交替作用下，西方发达国家相继进入农业产业化快速发展时期。这一现象的主要标志有三个。一是一体化经营首先在畜产品领域发展壮大。美国、英国、法国、意大利等国在一体化合作联社巩固发展的同时，一些加工企业如乳品厂、罐头厂、肉类加工厂等急于获得满足自身需要的原料供应，新出现的超级市场急于获得满足消费者需要的优质奶、肉、蛋、果、菜等产品，在需求驱动下很快形成了以工商企业为龙头的农业产业化经营模式，甚至一些工商企业和银行共同合作直接在农村建立产—加—销一条龙的农业（集团）公司。二是一体化经营迅速向农林产品领域拓展。在畜产品一体化经营取得大量利润的影响下，发达国家的农业产业化加速向水果、蔬菜、小麦、大豆等农林产品领域拓展。在美国畜牧业总产值中，1970 年，一体化经营率为 36%，1980 年，上升到了 50% 以上。与此同时，种植业一体化经营开始起步、发展，1970 年，一体化率为 14%，1980 年已发展到 20%。三是农业跨国企业迅速崛起。美国、西欧农业跨国企业规模迅速扩大，垄断日益加剧。20世纪80年代，美国的菲利普·莫里斯公司相继兼并了名列世界第三和第四的克拉夫特公司和通用食品公司，并控制欧洲食品业二十多家公司，成为美国最大的农业综合企业。如今，农业跨国企业林立于全世界，正在向"无国籍化"发展。

经过几十年的发展，产业化经营成为西方发达国家农产品的主要经营形式。在1960—1990年，美国农业产业化经营的比例比较稳定，呈现稳中有升的趋势。合同生产和纵向一体化生产量的比例由原来的12.2%上升到18.4%，其中，合同生产的生产量从8.3%上升到19.5%，纵向一体化生产量从3.9%上升到7.9%。合同生产和纵向一体化较多地集中在畜禽饲养、水果蔬菜种植等领域，大田作物种植领域较少。

就在发达国家农业产业化经营快速发展的同时，一些次发达国家和欠发达国家的农业产业化也加快了发展步伐，并在一些领域大有后来居上之势。无论是一体化由合作联社向垂直一体化拓展，由畜牧业向种植业拓展，还是由发达国家向次发达国家拓展，从中都可以得出这样的结论：农业产业化已经成为全球农业的共同潮流。

现代农业的发展必将越来越依赖于农业产业化，农业产业化也将使现代农业表现出鲜明的新特点。一是农业专业化程度提高。一方面，农业主体将充分开发和利用当地资源的比较优势，因地制宜地安排农业生产；另一方面，农业企业会更加积极地提升自己的核心竞争力，把自己擅长的领域发挥到极致，以在未来日益激烈的市场竞争中占据一席之地。二是农业的规模化和集约化程度都将提高。农业企业将通过规模化，改变分散的小规模经营局面，提高土地利用率和农业劳动生产率，推广普及农业科学技术；通过集约化，使产业资源得到最充分利用，提高农业的利润率，用最少的资源或投入换取最大的回报和收益。三是农产品深加工能力继续提高。农业企业将继续大力发展农产品精深加工，延长产业链条，提高产品附加值，在确保口粮、饲料用粮和种子用粮的前提下，适度发展粮食深加工。四是农业标准化得到重视。随着消费者越来越挑剔，对食品的安全、卫生、营养提出了更多更高的要求，农产品质量必然要升级，达到各项质量标准。因此，农业企业会大力推动标准化生产，建立健全投入品登记使用管理制度和生产操作规程，完善农产品质量安全全程控制和可追溯制度，提高农产品质量安全水平。同时积极进行标准化生产基地建设，开展质量管理体系和无公害农产品、绿色食品、有机农产品认证等。五是农业的社会化服务业将全面发展。农业社会化服务业为农业现代化的实现提供物资、装备、技术和人才等方面的支持，成为农业现代化的基本保障。

（二）生产主体的组织形式发生巨大变革

现代化农业建立和发展的关键在于技术进步，而经济组织的结构决定了经济实绩及知识和技术存量的增长速率。在农业产业化发展背景下，农业生产主体的组织形式正在发生巨大变革。

农业产业化不可能自发而成，需要一种有效的组织形式作为载体。在发达国家，农业产业化按组织者的权力大小一般分为两种，即完全的产业化和不完全的产业化。完全的产业化是将生产资料的生产、农业生产和农产品加工与销售等不同部门纳入一个统一的经营体系之内，一切决定由组织这个综合体的工商企业集中做出，农场主只是按照产业化决策进行操作。不完全的产业化是指仅有合同关系的松散型产业化。它多半是由食品加工厂或农产品销售商与农场主按照事先签订的合同，按照双方商妥的价格、数量、时间收购农场的产品。为了保证收购产品的质量和规格统一，有些合同也对农场的生产方法和手段做出规定，并且公司对农场供应一定的生产资料。

以上两种形态的农业产业化都涉及产业化合同产销。农业产业化合同销售是一种现代销售制度。自从 20 世纪 50 年代美国创立农业综合企业以来，农业产业化一直是解决产供销问题的最好形式。农业产业化的合同销售属于期货交易，不用现货交易，签订合同与交货不同时发生。在期货市场发达的西方国家中，这种合同已经规范化，规定商品数量、资金、交货地点、交易方式和付款方式，其产品不经过批发市场和商品交易所而直接进入产业化加工厂。

随着农业产业化的推进，农业生产的组织形式也在发生变革，一些新的形式不断涌现，对推动农业发展起到促进作用。

一是"工商企业＋农场"的产业化模式。农场或农户与有关工商企业通过合同联系起来，组成农工商综合体，也叫利益综合体。这是西方发达国家农业产业化最主要的形式，广泛存在于现代化农业国家之中。这种综合体大多数都以一两家私人工商企业为核心，少数以合作社或者大农场为核心，利用合同把生产、交换和分配过程联成产业。农场向工商企业提供农产品，工商企业向农场提供生产资料、技术和贷款。农场必须按照合同规定进行专业化生产，并使农场内部管理满足合同要求。工商企业则有权监督和参与改进农场的经营管理，提高农场的运营效率。美国农业领域已普遍采用这种模式，一般由公司与农场主签订协作合同，将产、供、销联合为一个有机整体。这种产业化形式之所以能在牛奶、果蔬、甜菜等生产中得到较快发展，与这些产品生产的特点有关，即这些产品需要及时加工、冷藏和销售。在畜牧业中，产业化水平最高的是养禽业，发展较差的是养猪业。美国的农业产业化发展较快的第二大行业是蔬菜、水果类生产和加工。这是由于果蔬产品易腐烂、不便运输，需要向市场快速供货；同时，消费者对这类产品质量要求较高。因此，产、供、销一体化有助于经营者获利。

二是"公司＋基地＋农场"的产业化模式。该模式主要由大的企业或公司直接介入农场，从事大规模的农业生产，并将农业同产品加工储运、销售以及生产资料的生产与供销结合在一起以形成完整的经济体系。这种模式的主要特点是公司或企业与农产品生产基地和农户构成紧密的农业产业化生产体系，其最主要和最普遍的联结方式是合同（契约）。这种农业公司大多数没有土地，只有厂房。在实际运行中，公司或企业与生产基地、农户签订产销合同，规定签约双方的责权利，企业对基地和农户采取明确的扶持政策，提供全程服务，设立产品最低保护价并保证优先收购，农户按合同规定定时定量向企业交售优质产品，由企业加工、出售制成品。泰国的正大集团就是这种产业化形式的典型代表，英国樱桃谷饲料有限公司也属于此类。"公司＋基地＋农场"的模式与市场联系比较紧密，便于做到以销定产，避免生产的盲目性；公司实行集中统一的经营管理，有利于降低风险和管理成本，提高效率；公司利益与农民利益一致，能促进产业化经营，推动生产力发展。

三是"工业、商业、金融业及农业企业＋农场"的产业化模式。该模式中一般由工业、商业、金融业和农业企业以互相控股投资的形式组成混合公司，其中，包括由多个农场主合作组成的公司农场。以这种公司法人团体联合而成的企业涉及面较广，但一般以一两个控股企业为核心。其运作机制是，由持股人拥有，控股人管理，持股人按股份拥有比例分红。这种形式在法国很流行。如法国的由国有矿化公司所组成的综合体共有工矿企业、商业运输公司、银行服务等50多家企业及400多个农业合作社。经营范围有农产品生产、加工、采购、储运、销售、出口，矿产品，化肥，农药，机械制造及科研服务等。它在美国、加拿大、比利时、刚果都有分公司。这种"内容丰富的联合体"实际上是农业合作社的一种形式，与一般销售合作社不同的是，它可以收购和销售非社员的产品。同时，这类联合体的多元主体的资本互相渗透，不具有传统意义上合作社的劳动联合性质。

四是"合作社＋农场"的产业化模式。这是农场主为降低经营风险自愿组合到一起的产业化形式。其目的是将农业产前的生产资料供应，产中的时间和资金贷款服务，产后的农产品加工和销售组合成产业，形成以农业为主体的综合结构。西方的农业合作社主要有销售合作社、生产资料供应合作社、农产品收购合作社、农产品加工合作社、农业劳动合作社、农业设备合作社、农业技术中心和多功能的合作社等。各类合作社虽然各有各的具体功能，但其共同作用是为农场主提供多层面的社会化服务。合作社是发达国家很流行的一种农业产业化组织形式。在西方国家中，农业合作社是数量最多、规模最大的企业，一半以上的农村经济网点被控制在农业合作社手里。西欧农民的供销合作社和食品合作社在组织农产品收购、加工和出口方面发挥了巨大作用。1990年，法国仅在合作社就业的人口就相当于农场主总数的五分之一，供销合作社的营业额超过当年农业总产值。服务性合作社就业人口更多，仅农业信贷合作社就有3000多家，办事处13000个，地方农业"互助银行"26000个。在西方国家中，合作社又是农产品和食品的最大出口者，如法国的合作社，其农产品和食品的出口占同类产品出口总额的三分之一，带动了一批基层社转向国际贸易，使农村地区直接同国际市场接轨，不仅推动了农村城市化，而且推动了农业贸易国际化。

五是"农协＋农户"的产业化模式。这是由农协等合作组织牵头，组织农业生产资料生产、供应和农产品收购、加工、储运、销售的产业化经营组织。它是农民面向社会化大市场为发展商品经济而自愿地或在政府引导下组织起来的，具有明显的群众性、互利性和互助性，有正式的章程和会员证。在世界各国中，合作社的具体形式有所不同。在日本，农业合作组织的形式是农协。日本农协是在第二次世界大战后随着市场经济发展而兴起的，多是由日本农民对旧农会进行改革后自愿组织起来的全国性组织，得到了日本政府的支持。

六是泰国的"政府＋公司＋银行＋农户"产业化模式。泰国是一个以农业为主的发展中国家。20世纪70年代后期，泰国政府把农产品加工作为国民经济高速发展启动阶段的突破口，制定和实施了以农产品加工为重点的农业工业化战略，并逐步发展、完善成为"政府＋公司＋银行＋农户"的农业产业化发展模式。这一模式的实施，使农民从单纯的原料供应者上升为制造业和商业的参与者，使农产品加工业成为出口业的支柱，使农业和工商业的关系密不可分，促进了国民经济的持续高速发展。

我国农业经营主体也呈现出多样化格局。从经营方式看，以家庭小农场为主，企业方式经营的大农场为辅；从经营属性看，以纯农场为主，兼业经营农场为辅；从投资来源看，以农民经营的农场为主，非农部门投资经营的农场为辅，其中还有一定量的外商投资农场等。例如，浙江省目前的农业经营主体除一般的小农经营主体外，还出现了以专业大户、专业合作社和农业龙头企业为代表的新型农业经营主体"三分天下"的新格局。在此基础上，广大农民群众和基层干部还探索出了"合作社＋农户""龙头企业＋合作社＋农户""合作社＋基地＋农户""龙头企业＋合作社＋基地＋农户"等多种符合当地实际需要和产业特点的经营组织形式，标志着以新型农业经营主体为核心、多样化的农业经营组织形式正在不断地发展。

随着农业产业化发展水平的提升，农业产业区等新的概念也逐渐形成并发挥作用。农业产业区是提高农业产业化竞争力的一种高级形式，是竞争型的农业产业化。它的本质是以具有资源优势的特定农产品为核心的农业产业集群，它与其他产业区一样具有专业化、规模化的特点，能够发挥集聚经济效应，对提升当地农业产业的整体竞争力有明显的促进作用。从国际农业发展的实践及近年来我国各地的实践来看，农业产业区是一种提升农业综合生产能力的有效方式。国际市场上许多具有独特综合生产力和强竞争力的农产品都来自大规模的专业化农业产业区，如美国玉米和棉花、荷兰的花卉、比利时的鸡肉等。随着市场经济的深入发展，我国也自发形成了一些初具规模的农业产业区，比如河北清河羊绒集镇的羊绒产量占全国产量的4/5、云南斗南的花卉占到了全国市场份额的1/3、山东金乡的大蒜占到了全国产量的1/4和出口额的7/10等。这些产业区是以某种农产品为核心，集中了专业的农产品生产者、加工者、销售者以及科研、服务机构，以专业化和规模化取得独特竞争优势。可以说，从农业产业化到农业产业区是农业产业发展的一种新发展思路。农业产业区丰富了农业产业的组织形式，建立了小规模经营者与大市场的多样化、复合的连接机制，是提升农业综合生产能力的一种有效发展形式。以农业产业区发展战略促进农业发展不仅有利于以市场和资源优势为基础进行农业的专业化区域分工，而且能够形成专业化分工协作的产业组织网络，创造难以模仿的规模优势和专业化优势，提升产业整体的竞争力。

四、市场化带来了国际化发展

（一）市场化成为增强农业活力的重要因素

农业市场化是指农业由自给自足的自然经济向专业化分工协作的市场经济转变的过程，包括资源配置、生产要素组合、生产资料和产品购销的市场化。农业市场化意味着农业的经济活动不是由政府分配的，而是由市场机制进行调节的，市场机制在农业的资源配置中起基础性作用。具体来说，农业发展所需的资金、技术、人才、劳力、土地资源、设备等生产要素都主要依靠市场机制得以配置，而不是靠计划得以分配的；农业生产、加工、流通环节所需的生产资料、社会化服务等，也都依靠市场机制得以配置。相应地，通过市场销售农产品，国家和政府不包销、不分配。

农业市场化的主要作用可以被概括为四点：一是可以更好地满足国民经济发展对农产品的需要；二是可以充分发挥各地的资源优势，提高全社会的资源利用率；三是可以促进农业生产者改进生产技术，提高产品产量和质量，降低生产成本；四是可以调节利益分配，合理构建各种经济关系。

（二）农业国际化已成为重要发展方向

农业的市场化自然而然带来了农业的国际化发展。农业国际化是世界经济全球化在农业领域的直接体现。全球农产品市场一体化格局是农业现代化的标志。随着经济全球化发展，世界各国农产品生产和市场以及农产品国际贸易紧密联系在一起，农产品市场一体化程度越来越高。一些大型农产品营销企业积极参与农业国际化竞争，有力地推动了全球农产品市场一体化进程。各国农产品市场互相促进，农产品进出口贸易日益活跃。特别是电子商务、连锁经营等现代营销技术和手段的发展，有力地促进了全球农产品市场一体化体系的形成。与此同时，世界农业科技的发展和农业生产力水平的提高，要求世界农业向专业化生产发展并实现国际分工。农业国际化发展的具体表现可以被概括为以下四个方面。

一是农业管理规则国际化。在世界贸易组织体制下，农业问题长期游离于国际规则和纪律的管理之外，各个国家根据本国的需要建立自己的农业生产、贸易的政策措施，农业保护主义盛行，国际农产品市场严重扭曲，导致国际农业贸易纠纷不断。乌拉圭回合农业协议第一次把农业问题纳入多边管理体制框架中，使世界农业有了多边规则和纪律。世界贸易组织诞生后，继承和发扬了相关国际规则和纪律，奠定了农业国际化的法律和组织基础，为农业国际化的发展提供了国际规则保障。

二是农业生产国际化。随着产品专业化和国际分工化日益深入发展，世界范围内新的农业生产体系正在形成，不同国家和地区按照比较优势的原则进行生产的趋势日趋明显。在国际竞争日益激烈的背景下，一些大型农业企业和有关涉农产业为扩大市场占有份额，越来越多地选择在国外办厂，充分利用大企业特有的生产、管理、营销网络、商品和技术开发能力，与东道国的劳动力和市场等优势结合起来，以期实现生产要素的最佳配置和利润最大化。

三是农业资本与技术国际化。生产要素在全球范围内的流动与配置，导致资本在国际间大规模流动，促进了国际金融市场的发展。具体表现为国际资本流动地域拓宽，向发展中国家的农业国际性直接投资增加。许多发展中国家在发展初期均以国际金融组织和外国政府的贷款为主。随着经济的发展，直接投资的比例提高，投资规模扩大，同时资金的流速加快。二战后，农业对外直接投资增加，跨国公司快速发展。跨国公司兴起于20世纪后期，主要是由欧美国家在殖民地直接投资建立起来的，着重于土地的经营和开发。二战后，跨国公司一方面在发达国家之间布局，反映了农业投资和农业生产贸易之间的国际化；另一方面，发达国家继续在发展中国家发展跨国公司，着重经营农产品加工和贸易，通过合同收购，控制货源，形成产供销一体化的产业化经营模式。近年来，跨国公司较注重高科技在农业中的应用。目前跨国公司已成为促进世界农业发展的一支重要的力量。同时，各国农业技术交流与合作的领域不断拓宽，合作研究的范围不断扩大，特别是大型的生物技术和环境保护等方面的合作项目日趋增多。

四是农业市场国际化。市场是世界农业经济发展的基础，是推动经济增长的重要动力之一。由于生产和销售国际化发展，任何农产品都与国际市场紧密联系在一起，同时，各个国家和地区的市场不断趋于融合。二战以来，发展中国家的农产品出口的增长速度略慢于发达国家，而农产品进口额的增长速度快于发达国家。不少发展中国家从谷物出口国转为谷物进口国。近年来，世界各经济主体进一步相互参与、相互渗透、相互融合，一个新的统一大市场正在加速形成中，农产品国际性贸易规模不断扩大。随着全球农业的发展和农产品市场需求的变化，世界农产品贸易呈现新的发展态势，农产品市场体系建设加强，农产品交易手段改进，贸易效率明显提高，农产品贸易总量继续增长，贸易种类不断增加，互补性进一步增强。

以上四个方面的国际化推动了国际农业经济技术合作与交流日益加强。一些国家通过直接投资、农产品贸易等手段和措施，积极开展农业经济技术合作与交流。农业跨国公司成为农业经济技术合作与竞争的重要推动力量。不少跨国公司向国外进行大规模、系统化投资，为农业国际化提供了资金支持。这种合作交流推动了世界性农业科技革命的形成。各国加强农业科技研发和应用上的协作，合作研究的领域不断拓展，加快了现代农业科技的研发和应用步伐。

总体来看，农业国际化是世界经济一体化在农业领域的直接体现。农业国际化的趋势是，各国整合国内农业资源，提高农业资源利用的效率，促进资源和产品的国际市场双向流动，增加农产品供给和农民收入，提高国家总体经济效益和国民福利。

第二章 农业产业转型的必要性分析

农业是人类经济发展历史中最古老的物质生产部门，是人类的衣食之源、生存之本。发展农业生产是人类永恒的社会实践活动。与国民经济中的非农部门单一经济再生产过程相比，农业生产是自然再生产和经济再生产的有机统一。马克思曾经指出："经济的再生产过程，不管它特殊的性质如何，在这个部门（农业）内，总是同一个自然的再生产过程交织在一起。"现代社会是市场经济社会，农业的商品化、市场化属性十分突出。这意味着市场经济下的农业再生产不仅面临自然风险，而且面临市场风险，其中自然风险对农业的负面影响巨大。世界各国都十分重视现代农业发展。发达国家在本国农业优势明显、竞争力大的背景下，仍旧给予农业高额补贴。发展中国家在工业化进程中，积极探索符合本国国情的农业现代化道路，其共同目标在于使农业成为国民经济中具有较强竞争力的现代产业和国际市场上具有强大竞争力的优势农业。

第一节 我国农业发展现状

一、我国农业的总体发展情况

我国于 2003 年召开的十六届三中全会确立了"以工补农、以城市带动乡村"的方针，之后，将农业的发展提高到了重要的位置。多年来，农业的发展一直是一号文件的重点。取消农业税、提高粮食收购价格、放开部分大宗粮食的价格、加大财政投入等一系列政策措施，表明农业的基础地位提高，国家加大了对农业的支持力度，同时也宣示我国农业已进入新的阶段，即农业现代化的开始。

在新的发展阶段，我国农业发展方式正在发生变革。随着工业化、城镇化的快速推进，农产品总量需求刚性增长，质量安全要求不断提高，保障国家粮食安全和主要农产品有效供给的任务越来越重，耕地、淡水等资源的刚性约束日益加剧；生态环境保护的压力不断加大，农业劳动力成本迅速上涨，种子、化肥、农药等农业生产资料价格增长明显，土地流转成本不断提高。在如此资源刚性约束下，要想提高土地产出率，大幅度提高资源利用率、劳动生产率，就要强化农业科技的支撑作用。

同时，我国农业经营主体也发生了变化。随着农村青壮年劳动力大规模向城镇和非农产业转移，农村劳动力数量不断减少，素质呈结构性下降，难以满足现代农业发展需求。新型种养殖大户、农民专业合作社和农业企业等逐步成为农业生产经营的新主体。为此，我国迫切需要加强基层农村推广体系建设，提高农业科技专业化、社会化服务能力，提高科技服务的质量和水平。

工业化、城镇化的加快推进，农村资金、劳动力、土地等生产要素外流现象严重，致使农村资金短缺、耕地减少、劳动力紧缺。因此，依靠科技进步提高我国的农业综合生产能力、保障农产品有效供给已经是大势所趋。从发达国家的农业发展路径来看，无论是农业资源丰富的美国还是匮乏的日本，其发展模式的核心都离不开农业科技。例如，在农业资源极度匮乏的条件下，日本应用小规模、集约化的生物技术和化学技术实现了农产品的基本自给。

二、我国农业市场化发展状况

我国农业展会等产销对接活动蓬勃发展，农产品市场竞争力不断提高。一是农产品产销紧密对接。我国各农产品主产区积极开展特色优势产品宣传推介和产销对接活动，有力地促进了国内、国外及地区间的农业贸易交流与合作。农交会已成为国内农业领域规格最高、最具权威和影响力的品牌展会，为保障农产品供应、促进农民增收、发展农业农村经济做出了重大贡献。二是涉农电子商务蓬勃发展。依托中国农业信息网，建立"网上展厅"和全国农产品"供求一站通"平台，注册会员已超过 60 多万个，累计发布供求信息近 100 万条，访问覆盖范围超过 50 多个国家和地区；探索开展农产品电子商务试点，扩大网上交易规模。三是农产品品牌建设不断加强。以农业区域公用品牌建设为重点，提高农产品市场竞争力。2006 年，我国出台了《农业部关于进一步推进农业品牌化工作的意见》。2007 年，启动了中国名牌农产品评选认定工作。2011年 7 月，农业部联合发改委、工信部、国资委、国家知识产权局、国家旅游局和国家质检总局制定并印发了《关于加强品牌建设的指导意见》，明确由农业部门负责推动实施农业品牌化发展战略。2011 年，各地新认证无公害农产品、绿色食品和有机农产品 1.8 万个，登记保护农产品地理标志产品 340 个。

农产品市场监测和信息服务能力，有利于应对农产品市场价格波动。一方面，农产品市场监测体系不断健全。1995 年，农业部启动全国农产品批发市场价格信息日报网络建设，推动实现批发市场与农业部信息中心联网。2012 年，全面启动生产者价格采集工作，不断健全信息采集体系。目前已初步形成生产者价格、批发价格和零售价格互为补充，日报、周报、月报、季报、年报有机一体的市场信息监测体系，实现了对全国近 500 家大中型综合及专业农产品批发市场的实时动态监测，监测品种达 200 余个；实现了对全国 470 个集贸市场畜禽产品和饲料价格定点监测，每周采集生猪、牛羊肉、鸡蛋、生鲜乳和饲料价格；实现了对全国各地 300 多个县级集贸市场的月度重点监测。另一方面，市场运行研判水平提升。2002 年，农业部率先启动农产品市场监测预警系统建设，组织专家开展稻谷、小麦、玉米、大豆等 18 个品种的市场定期会商分析，加强形势研判预警，每月形成《农产品供需形势分析月报》。2005 年，农业部率先编制推出全国农产品批发价格指数、全国"菜篮子"产品批发价格指数，目前已经成为我国农产品市场走向的"风向标"和"温度计"，得到了中国人民银行等宏观决策部门的认可。近年来，农业农村部着力推动建立自下而上的市场热点报送机制，探索开展中国农业展望工作。农产品预警分析的科学性不断提高，影响力不断扩大。

新一轮"菜篮子"工程启动实施，稳定大中城市鲜活农产品供给。一是"菜篮子"产品政策规划频繁出台。2005 年，农业部会同交通运输部等部门共同推动实施鲜活农产品"绿色通道"政策，对整车合法装载运输鲜活农产品的车辆免收通行费。据交通运输部统计，2010 年，全国免收车辆通行费 130 多亿元。2010 年，我国印发了《国务院办公厅关于统筹推进新一轮"菜篮子"工程建设的意见》。之后，又先后出台了《国务院关于进一步促进蔬菜生产保障市场供应和价格基本稳定的通知》《国务院办公厅关于促进物流业健康发展政策措施的意见》《国务院办公厅关于加强鲜活农产品流通体系建设的意见》。2011 年，国家发改委、农业部联合印发《全国蔬菜产业发展规划（2011—2020 年）》。2012 年，农业部印发《新一轮"菜篮子"工程建设规划（2012—2015 年）》。二是国家级重点大型批发市场建设大力加强。根据"十二五"规划纲要要求，农业部针对在优势产区的集中产地建设国家级批发市场这一课题进行了研究论证，初步计划"十二五"期间重点培育 15 家国家级专业批发市场，将其打造成相关产业的物流集散中心、价格形成中心、信息传播中心、科技研发中心和会展贸易中心。力争在优势产区的集中产地培育和建成一批国家级农产品专业市场，促进农产品大生产、大流通、大销售。目前已经启动了洛川苹果、舟山水产、斗南花卉等批发市场的建设。三是"菜篮子"产品保障能力不断提高。我国"菜篮子"产品供给持续快速增长，部分产品产量和人均占有量成倍数增加。

三、我国农业产业化发展状况

实行农业产业化经营既是我国目前市场经济整体发育水平达到一定程度所提出的客观要求，也是我国农业经济适应农业现代化发展的需要，实现质的跨越所提出的内在要求。

我国的农业产业化经营起始于20世纪90年代，比西方农业发达国家的农业一体化进程大约晚了近四十年的时间。近二十年来，农业产业化经营在实践中不断发展，人们对其认识也在不断深化。《中共中央关于农业和农村工作若干重大问题的决定》指出：农村出现的产业化经营，不受部门、地区和所有制的限制，把农产品的生产、加工、销售等环节连成一体，形成有机结合、相互促进的组织形式和经营机制，能够有效解决千家万户的农民进入市场、运用现代科技和扩大经营规模等问题，提高农业经济效益和市场化程度，是我国农业逐步走向现代化的现实途径之一。《中共中央关于完善社会主义市场经济体制若干问题的决定》也指出：要积极推进农业产业化经营，形成科研、生产、加工、销售一体化的产业链。这两个文件都明确指出了产业化经营与农业市场化、现代化的关系，并对产业化经营的内涵、模式、经营机制进行了科学的概括和总结。

近年来，我国农业产业化发展质量和水平显著提高。一是龙头企业经济实力不断增强。在各级农业部门的共同努力下，以龙头企业为主体的各类农业产业化组织蓬勃发展，数量不断增加，规模持续扩大，效益稳步提升。二是龙头企业科技水平、产品质量、出口创汇和净利润均大幅提升。龙头企业在自身发展壮大的同时，主动承担社会责任，通过收购原料、租赁土地、返还利润等途径，带动更多农民就业增收。三是农业产业化示范基地迅速发展。近年来，许多有条件的地方着手推动农业产业化示范基地建设，取了很好的效果。四是"一村一品"专业村镇建设成效显著。农业农村部大力推进"一村一品"强村富民工程和专业示范村镇建设，通过规划引导、政策支持、示范带动等办法，指导各地因地制宜发展特而专、新而奇、精而美的各种产品和产业，加快培育一批特色明显、类型多样、竞争力强的专业村、专业乡镇，各地充分挖掘利用当地资源，培育特色主导产品，有效地实现了村镇经济快速发展和农民持续增收。

四、我国农业信息化发展状况

我国在 20 世纪 80 年代引进了"信息化"的概念，落后于欧美等国大约 20 年的时间。我国早期农村信息化建设表现为，在 20 世纪 70 年代末 80 年代初，在农业生产中开始应用计算机，在 20 世纪 80 年代末 90 年代初，又相继建立了一批农林数据库。而农村信息化产业的起步更晚，与欧美等国的差距更大。1996 年，第一次全国农村经济信息工作会议明确了农村信息化建设的方向。自 20 世纪 80 年代以来，我国将系统工程数据库、信息管理系统、遥感专家系统、决策支持系统、地理信息系统等技术应用于农业，启动了农业的信息化进程。近年来，农业农村部组织开展的"金农工程""三电合一工程"和"信息化村示范工程"等进一步加快了农业信息化建设步伐。目前，我国信息化建设在数据库、信息网络、精细农业以及农业多媒体技术等领域都取得了一定的成效。

涉农数据库建设初具规模。我国已建成大型涉农数据库 100 多个，约占全球农业信息数据库总数的 10%。其中最主要的成绩是由农业科研单位先后引进了国际农业与生物科学中心（CABI）、国际农业科学技术情报系统（AGRIS）、食品科学与技术文摘（FSTA）数据库，以及我国农科院牵头建立了农业数据库和农业光盘服务网络。我国比较有代表性的数据库有：中国农林文献数据库、中国农业文摘数据库、中国农作物种质资源数据库、农副产品深加工题录数据库、植物检疫病虫草害名录数据库、农牧渔业科技成果数据库、中国畜牧业综合数据库、农业经济统计资料数据库、农产品集市贸易价格行情数据库、农业合作经济数据库等。

农村信息化建设网络平台逐步建立。按照功能来分，可以将支撑信息发展的网络资源分为三类，即电信网、广电网和计算机网。其中，前两者是传统媒体的代表，后者为现代媒体的代表。两者综合起来构成现代农业信息传播的主要通道。互联网正越来越广泛地被民众接受。全国 31 个省、自治区、直辖市（不包括我国台湾地区）都已接入了互联网，互联网的作用已从初期的信息沟通向近年的电子商务发展。在低迷的网络环境下，我国互联网的高速发展势头充分说明互联网发展的巨大潜力。

信息资源与服务建设加快。经过努力，覆盖部、省、地市、县的农业网站群基本建成，各级农业部门初步搭建了面向农民需求的农业信息服务平台，为农民提供科技、市场、政策等各类信息。

农业信息技术研发成果显著。近年来，在一系列国家、部门和地方科技计划的支持下，通过广大科技工作者的不懈努力，在农业信息技术领域逐步取得了一些具有自主知识产权的成果，建成了一支从事农村信息化研究开发、推广应用的人才队伍。

农业专家系统开始发挥作用。我国农业专家系统研究始于 20 世纪 80 年代，截至目前，取得了很大进展。一些农业信息技术人员把专家系统从实验室拿到生产第一线，不仅给农业生产者送去了新技术，而且有力地推动了农业知识工程系统的建设。

农村信息服务深入基层，农村信息服务机构和队伍不断壮大。一些地方在加强农业系统信息队伍建设的同时，积极利用农民经纪人、种养经营大户、专业合作经济组织以及有关社会中介的力量，发展壮大了农村信息员队伍。同时，服务模式越来越灵活多样。经过长期的探索和实践，我国已经创造出许多卓有成效的农村信息服务模式。

地方农村信息化建设有效开展。一些地方有力推动了农村信息化建设，并取得了一定成效，使农村信息"户户通"工程的顺利实施有了良好的开局。安徽省的农村信息化行动以"安徽星火计划网站"建设为起点，以实施"信息入乡"工程为标志，初步建成了省、市、县、乡、村五级网络物理架构和信息服务组织体系，为农业、农村、农民架起了致富的信息桥梁。

五、我国农业规模化发展状况

生产经营规模化是农业产业化的必要条件和重要特征之一。一方面，若不形成且具备一定规模，就无法构成一个产业；同时，生产基地或加工企业也要具备相当大的规模，才能达到产业化的标准。另一方面，农业规模化经营是农业发展的趋势，规模化经营是我国农业发展的必然趋势。

1978 年，在广大农村实行家庭联产承包责任制后，"统分结合"的双层经营机制使分到土地的农民的生产积极性大大提高，释放了长期以来被压抑的农业生产力，农业的产值、产量都达到历史最好水平。但是，自 20 世纪 80 年代后期开始，我国粮食播种面积不断下降，单位产量也不容乐观，农民以粮食自给和上交任务为终极目标，粮食市场一直活跃不起来。从土地资源状况来看，粗放型经济增长对耕地占用十分严重。据统计，自 20 世纪 80 年代以来，除历年开荒新增耕地 0.26 亿公顷外，净减少耕地达 0.16 亿公顷，年净减少 49 万公顷；进入 20 世纪 90 年代后，虽然颁布实施了《中华人民共和国土地管理法》，但耕地减少的趋势并未得到控制。1991—1994 年，全国共减少耕地 251.7 万公顷，净减少耕地 103.7 万公顷。可见，随着土地后备资源的日益减少，经济发展将会吞噬掉越来越多的耕地。我国农业生产的总形势十分严峻。

相关的研究结果和国内外大量实践证明，经营规模过小是我国农业存在的主要问题之一。目前我国有 2.2 亿个农户，平均每户经营耕地仅为 0.45 公顷（6.7 亩），被世界经济学者称为"超小型"经济。并且，在当前土地分配机制下，家庭的进一步分化会造成耕地的进一步细化，农业经营规模将进一步缩小。与之形成对比的是，在一些经济相对较发达的地区，农场化规模经营已取得了显著成效。例如，1990 年，无锡县规模经营单位小麦亩产 246 千克，比全县平均单产高 10%；水稻亩产 538 千克，比全县平均高 30 千克；粮食商品率为 92%，每个劳动力年收入 2561.7 元，比乡镇企业职工年收入高 891.7 元。

可见，规模化经营是农业发展的必由之路。实际上，改革开放前，我国农业生产的低效率并不是规模化经营之错，而是不科学的体制和平均主义分配抹杀了农民的劳动积极性。改革开放后，我国在农村实行的家庭联产承包制，是农村集体经济制度的改革和创新，它是在适应现实生产力状况的低水平集体化背景下发展起来的，在一段时期内符合广大农民的利益需求，带来了可观的经济和社会效益。但在实际操作过程中也存在一些问题，例如：集体统一经营层次薄弱；许多地方"只分不统"；家庭联产承包责任制实质上成为均田制，导致土地零碎化基础上的分散经营，每家每户按照自己的理性预期选择经营行为。虽然改革过程比较简单、见效快，但其能量的释放有限，不利于大型农业、水利基础设施的配套建设，不利于高科技农业的推广和社会化分工的进行，也不利于生产、加工、销售、储藏的综合管理和平均生产成本的降低。从某种意义上说，这已经成为我国农业长远发展的障碍。邓小平同志在论述我国农村改革和发展"要有两个飞跃"时，着重强调的是我国农业发展的规模化经营。所以，要把农业生产的潜力变为现实，改变近年来粮食生产徘徊不前的局面。规模化经营是农业发展的必然趋势。

六、我国农业国际化发展状况

改革开放以来，特别是在加入世界贸易组织以来，在一系列强农惠农政策支持下，我国农业国际交流合作深入推进，为农业农村经济发展、国家对外开放战略和国家外交做出了重要贡献。农产品贸易的快速发展为推动我国农业农村经济又好又快发展发挥了积极作用。具体来说，一是缓解了国内农业资源和环境压力，保障了国内农产品的有效供给；二是促进了农民就业增收、农业和农村经济发展，特别是对于出口依赖程度高的农产品以及农产品出口大省来说，增收作用十分显著；三是通过充分利用国内国际两个市场和两种资源，优化了农业结构和区域布局，发挥了农业比较优势。

农产品贸易额快速增长，丰富了我国农产品市场，促进了农民增收。我国在全球农产品贸易中的地位大幅提升，目前我国已成为世界最大的农产品进口国、第三大农产品出口国，农产品贸易总额居世界第二位。我国农产品贸易结构体现出了我国农业的比较优势。农产品进出口贸易额快速增长，呈现出两个主要特征。①土地密集型产品进口呈快速增长态势，丰富了国内农产品市场。②劳动密集型产品出口保持稳步增长，促进了国内农民就业增收。

进出口市场进一步多元化，降低了对局部市场的依赖风险。我国农产品出口市场由以前的亚洲市场占绝对份额发展为以亚洲市场为主、欧洲市场稳定增长、北美洲市场不断扩大的格局。进口来源地也日益广泛，除欧美外，还包括亚洲、大洋洲、南美洲和非洲等地区，农产品贸易伙伴量明显增多。

合理运用农业贸易救济措施，逐步建立产业保护机制。目前国家级农业贸易救济工作合作模式和协作机制已经得以建立，监督和跟踪农产品进口动态和影响工作全面启动。2006年，我国首次实施对欧盟马铃薯淀粉的反倾销措施，成功制止了欧盟马铃薯倾销进口行为。2009年，美国进口白羽肉鸡"双反案"是我国争取的第一起农产品反补贴、反倾销措施案，有效阻止了美国肉鸡产品对我国产业的冲击，为缓解和预防国外产品进口对我国相关产业造成不利影响、维护我国产业安全和农民经济利益做了有益尝试。

各级政府高度重视，农业贸易促进政策支持力度逐步加大。在财政支持方面，中央财政加大了农产品出口退税力度，设立了农产品营销促销和贸易促进专项资金；地方政府逐年加大对农产品出口基地建设、农产品品牌培育等方面的支持力度，实施农产品出口企业优先享受国家的免、抵、退税政策。在信贷和保险支持方面，中国进出口银行的农产品出口卖方信贷业务已在部分地区推广实施，许多地方为出口优势产品和出口龙头企业优先提供贴息优惠贷款和一般性贷款等扶持；中国出口信用保险企业通过保险项下融资等服务加大了对农产品出口企业贸易融资的力度。在贸易便利化服务方面，国家出台了减免出口农产品出入境检验检疫费用的相关政策，各地提升了农产品出口检验检疫服务质量，简化程序，加快农产品特别是鲜活农产品出口通关速度。

第二节　农业发展中的问题及影响因素

一、我国农业发展中的问题

（一）我国农业发展面临的总体挑战

一是劳动力数量与效率持续下降。受石油等原材料涨价的影响，近年来化肥、农药、农膜等农业生产资料价格呈刚性上涨态势，加之农业劳动力就业机会增多，农业人工费用却在不断增加，进而导致农业生产成本逐年增加。从未来发展趋势看，农资价格上涨、生产用工成本不断增加、全社会工资水平上涨的趋势将难以改变，粮食生产正在逐步进入一个高成本时代，而粮食等主要农产品价格提高又受多方面因素制约，农业生产比较效益低的问题将日益凸显出来。相对而言，农民外出打工的成本越来越低，农村青壮年劳动力大量外出务工。现有留乡务农劳动力将逐步进入老龄化阶段，劳动效率将逐年下降。

二是消费升级推动农产品需求呈现刚性增长。据中国科学院预测，到2050年，我国总人口将超过15亿，也就是说，粮食产量至少要再增加1.2亿吨才能满足全部人口的消费需求。除了大米、小麦等主粮的需求在未来十年内会出现先缓慢增长、然后下降的趋势外，其他农产品需求都将出现不同幅度增加，奶制品需求将增长近3倍，畜产品、饲料粮、水果、食油和纤维总量需求将增长1.5倍，蔬菜和食糖需求将分别增长75%和100%。动物、水产类产品产量的增加归根结底仍是因为人口对粮食消费需求的大幅度增长。食用油、肉蛋奶和精加工食品需求迅速增长，引发饲料粮消费量快速增加。预计蛋白类产品需求将在未来数十年内持续高增长，我国粮食需求将持续保持刚性上涨。除了数量要求外，消费者对粮食及农产品的质量要求也日益提高，农产品消费也将朝着高质、高价、高档的方向演进。我国农产品消费将从总量增长过渡到结构升级，从米、面、油全面过渡到肉、蛋、奶。消费者也将更加关注农产品的质量、安全和营养含量，而对价格的敏感性降低。同时农产品的差异化也将得以体现。

三是我国农产品对外依存度越来越大。经济增长与结构转型导致我国粮食消费刚性增长以及粮食生产比较优势下降，对本就遭受耕地与水资源禀赋严重约束的粮食生产体系提出了严峻挑战。结果就是我国农产品对外依存度越来越高。由于我国国内农产品生产效率普遍低于发达国家，再加上国外的诸多农业支持政策和技术及品种优势，我国农产品国际竞争力总体上远弱于美国、巴西等农业大国，大量国外农产品开始涌入中国。

无论是提高粮食收购价还是加大财政支持力度，其核心聚焦点仍在于通过提高农民收入来调动农民种粮积极性，通过低成本的劳动力和资源来支撑农业生产。这些措施实质上依赖于"工业反哺农业"的发展路径，而并未使农业真正地实现自身效益的功能，未能提升农业整体的生产效率。

从当前和未来发展形势来看，耕地、淡水等资源的刚性约束力度将进一步加大，生态环境保护的压力会越来越大，依靠大量消耗资源的传统生产方式推动农业发展已难以为继，同时农业劳动力的素质呈结构性下降，用工成本迅速上涨，依靠低成本劳动力支撑现代农业发展的空间也在逐渐缩小。国际农产品竞争形势也要求我国农业政策须适应现代农业发展的新形势，即从提高土地产出率为主导转向提高土地产出率、劳动生产率和资源利用率并重。从中长期的发展角度来看，客观情况已经要求我国农业由粗放农业向现代农业转变。这种转变将以提升生产效率为手段、降低农产品生产成本为目标。

（二）我国农业市场化面临的问题

自改革开放以来，我国的农业市场化获得了很大的发展。农业生产与市场的联系越来越密切，其市场化趋势日益明显。但是，与同期发达国家的水平相比，我国的农业市场化仍有许多不足之处，并日益阻碍我国农业进一步市场化。

一是与发达国家相比，我国农产品的商品率依然较低，初级农产品所占比重偏大且质量较低。我国人多地少，人均耕地面积少，导致我国的农业生产极为分散，大部分农户为自给自足的小农经济形态，农业生产无法实现规模化经营。这就决定我国不可能迅速实现农业的市场化。

二是农产品的深加工程度低，农产品的附加值水平远低于发达国家的平均水平。农产品的出路在于加工，但我国农产品加工产业集群普遍规模小，深加工环节少，技术落后，产业链条短，协作程度低。这导致我国粮食、油料、水果、肉、禽、蛋类及水产品的产量虽均居全球第一位，但是其加工程度很低。

三是农业结构单一。种植业所占比重过大，林业、渔业所占比重很小。种植业中农产品结构单一，以粮食作物为主，经济作物所占比重不大，农业基础设施落后，农业技术的研发和推广力度不足，农业生产基本靠天吃饭，农业劳动生产率低，产出低且质量差。

四是农产品流通环节不畅通，流通体制不健全，以致出现了农产品的卖难问题。目前，许多农民都是"看去年市场，种今年庄稼"。这样往往导致供大于求。同时，农产品流通管理体制还不健全，导致农产品流通环节多、流通成本高，无法实现大流通，出现了严重的区域性卖难问题。另外，农村地区的农产品流通硬件设施落后，影响了农产品产贮运销体系的运行效率和效果。

五是国际市场的冲击严重。自改革开放以来，特别是我国加入世界贸易组织以来，一方面，发达国家的农副产品大量进入我国并占据了较大的市场份额，对我国的农业造成了一定的冲击，减缓了我国农业市场化的步伐；另一方面，近年来发达国家的贸易保护主义政策特别是其技术性贸易壁垒的设置，对我国农副产品出口造成了巨大的影响，不利于我国农业走向全球市场。

同时我国农业市场化还面临着国外种业巨头渗透的问题。随着全球化进程加快，国外种业巨头依托其在生物技术、新品种研发等领域的高新技术和雄厚的资金优势，垄断了全球种子市场。美国名列前三的种子企业的销售额占全球的将近一半。与此同时，国外种业巨头正加速向我国种业市场渗透。一旦种子市场，特别是种业体系被外资掌控，我国的民族种业将陷入全面失控的境地，将失去种业和粮食生产的主动权和话语权，也会丧失农业生产发展的主导权进而导致国家粮食安全难以得到保障。

（三）我国农业产业化面临的问题

我国农业产业化从内容到机制都在不断进步，形式也日益多样化。但是与其他产业相比，农业始终是我国国民经济中的薄弱环节，农业产业化在发展过程中还存在一些问题，主要表现在以下几个方面。

一是规范化的市场机制不完善。改革开放推动了城市、工业经济的市场化进程，但家庭联产承包责任制在一定程度上制约了农产品的市场化发展。土地不能被有效转移，农户分散经营，使得大规模的、产业化的农业生产难以开展。同时，农民思想认识滞后，行动迟缓，对市场信息的敏感度和反应能力较低。我国农业和千千万万的农户都面临适应市场的竞争的挑战。

二是农产品市场价格保护机制不健全。在完全自发运行的市场上，农产品价格机制不能有效运行，农业和农民利益易受损害。发达国家的市场经济无一不是依靠农业价格政策的贸易措施来保护本国农业的。随着农产品价格双轨制向单一的市场价格体制转变，自由市场价格机制的种种缺陷将会充分显露出来，并对农业生产和农民利益造成不可忽视的损害。

三是社会化服务体系不配套。我国农村各类中介组织发展缓慢，特别是行业性中介服务组织的发展比较滞后，存在发展规模小、覆盖面不宽、服务能力弱等问题。目前加入各类农村专业合作经济组织的农户约占全国农户总数2.8%。而且，其中有一半以上的农民在专业合作经济组织中没有产权关系。该组织实际上是松散型的自我技术服务性团体。为满足农业产业化的发展需要，今后服务体系必须向产业化和企业化方向发展。

四是农村科技体制改革力度小。目前我国农业在很大程度上还是劳动密集型产业。从事农业的技术人员数量少、素质低，农业科技不能实现技术资源的合理配置，并且科技资金少，农业科技推广措施不够合理。因而，农村经济的总体科技含量低，技术基础薄弱。

五是农业产业结构不合理。由于我国农业的专业化、一体化程度还很低，相应的农业产业化体系结构还没有完全建立起来。许多地方在区域经济中未能充分利用当地资源优势和资源潜力；科技含量和组织化程度不高，总体经济效益较差，不能前向推动和拉动相关产业的发展；农产品基地建设滞后，优质专用原料生产不适应发展需要，标准化生产能力低；各地未能形成各具特色的、跨区域的、专业化和社会化程度较高的产业带，不能建立起"龙头企业"和农业支柱产业等具有开发潜力的产业，区域产业布局不合理等，从而影响农业产业化的发展。

（四）我国农业规模化面临的问题

①龙头企业经营规模偏小，效益有待提高。从我国农业发展实际看，龙头企业总体规模不大，大部分企业规模偏小、市场竞争力弱，生产的产品科技含量较低，多数为农产品初级加工企业，对农户的带动能力不强。由于注重短期效益，对产品进行简单的分拣、包装的企业占了较大比重。多数企业在农产品的深加工和产业链条延伸方面表现不佳，目前多数龙头企业的产品属初级产品，并且占较大比重，精深加工和知名品牌相对较少，产品市场竞争力较弱。

②农业社会化服务体系薄弱。农业规模化经营需要社会化服务的支持，需要其提供质量可靠的农业生产资料、先进的农业生产技术、准确的市场信息和顺畅的农产品销售渠道。目前农业社会化服务体系不健全、不完善，难以覆盖广大农村和农户，不能满足社会的需求。政府的引导、扶持、组织作用还没有完全发挥出来，社会化服务跟不上，从而阻碍了农业规模化的发展。

③农业缺乏有力的金融支持。由于农业企业固定资产量少，可抵押的资产也少，向金融机构获取贷款支持的难度比工业企业大。在农产品收购季节，龙头企业普遍受到资金不足、周转困难的影响，资金缺口很大。当企业想扩大再生产时，融资相当困难。

（五）我国农业信息化面临的问题

我国的农业信息化程度还比较低，农业信息化建设还存在较多困难，主要表现在以下四个方面。

一是农业信息网络基础建设滞后。目前，政府对农业信息化建设的投入有限，投资主体渠道狭窄，信息网络基础设施不完备，农村整体信息网络尚不完善。近年来，农村地区的广播电视及电话的普及率提高较快，但这些传统传播媒体所传递的农业信息量相对较少，而网络媒体作为现代信息传播的主力军，其在农村地区的普及还任重道远。《中国互联网发展报告（2019）》显示，截至 2019 年 6 月，我国农村网民人数达 2.25 亿人，占网民总数的 26.3%，但信息传输"最后 1 公里"问题依然存在。

二是农业信息资源不足。农业信息不足不仅包括数量上的欠缺，还包括质量上的欠缺。近年来，农业网站的数量有所增长，但网站规模较小、分布不均、管理分散；在农业信息采集过程中，采集标准化程度低，指标体系不健全；信息处理手段落后，信息的时效性、综合性、指导性受到影响；农业信息体系内资源繁杂，缺乏对信息的整合和处理，造成了农民对信息的利用率低下。

三是农民的信息资源消费能力低。首先，当前农民的信息获取成本较高，如需进行技术培训、购买电脑、支付上网费等，但农民对于信息的运用还主要停留在了解天气和价格信息等初级层次上，对于信息技术在自动化控制方面的应用较少，在成本收益分析的影响下，农民消费意愿不强烈。其次，农民文化水平普遍较低。这在相当程度上降低了农民对信息技术的学习能力，也影响了农民对信息科技的运用能力，使农民在心理上对信息技术敬而远之。最后，农民所处的社会环境的封闭性也使得其信息意识淡薄，对网络技术的信任度较低。

四是农业信息化建设人才匮乏。农业信息化建设需要的是既了解农业经济知识又具备信息技术的复合型人才。农业信息的收集处理、农业生产自控体系的操作等农业信息化工程是无法依靠单纯的信息通讯人员或农业技术人员来实现的。但目前农村基层工作条件落后，人才引进力度小，现有人员整体素质不高且缺乏计算机网络等相关技术知识，而能够分析整合农业信息资源的人员更少。农业信息化建设人才的匮乏直接制约了农业信息化的进程。

（六）我国农业国际化面临的问题

随着全球金融危机影响加深及农业国际化发展，农业国际竞争日趋激烈。当前农业国际化的一个突出特点就是农业跨国公司的主导作用明显增强。近些年来，处于加入世界贸易组织后的过渡期的我国农业在面对金融危机挑战同时，

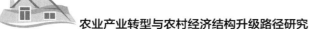

同样受到国际资本和农业跨国公司的影响。这是当前我国农业发展面临的一个重大问题。深入研究农业跨国公司与农业国际化之间的关系，深刻分析其对我国乃至全球农业的复杂影响，对于正确把握机遇、制定完善的农业发展战略、加快农业农村经济发展具有重大意义。

农业跨国公司的快速发展正在改变着农业国际分工和贸易格局。农业跨国公司给驻在国农业的前途和命运带来极为深刻而复杂的影响。特别是在全球金融危机和经济下滑的形势下，一些农业跨国公司的双重性和对一些国家的影响更为明显。对此，我国必须深入全面地分析，客观准确地评估。只有这样才能制定正确的战略和措施，更好地引导农业跨国公司参与驻在国农业发展与竞争。应当看到，农业跨国公司推动农业国际化发展给一些国家的农业发展带来一些有益影响。一是农业跨国公司投资在一定程度上可以缓解农业发展资本不足。近些年来，农业跨国公司在全球的扩张主要表现为由发达国家向发展中国家扩张。资金短缺是农业资源相对丰富的发展中国家的农业发展的重要制约因素。农业跨国公司投出的资金可以缓解这些国家资金不足的压力。二是农业跨国公司可以带来新的管理方式、运营模式和农业新技术。农业经营和农业技术扩散主要通过经济实体来实现。农业跨国公司拥有先进的管理经验和农业技术，农业国际化的发展加速了农业经营管理方式和农业技术的扩散速度。三是农业跨国公司可以促进农业资源的流通和重组。农业跨国公司掌握的农业资源分布范围广。农业跨国公司的生产经营可以促进全球农业资源的配置趋于合理化，使一些国家获得更大的利益。四是农业跨国公司可以推进农业国际合作与交流。农业跨国公司在全球进行布局，客观上加强了国际农业交流和协作，加强了一些国家农业与全球农业之间的联系，提升了这些国家的农业管理水平。但是，面对复杂的农业国际竞争和农业贸易保护主义增强态势，如果对农业跨国公司的进入和扩张不加以有效管理，就会给驻在国和地区带来严重负面影响。农业跨国公司是巨型网络化经济组织，一些农业跨国公司全球战略与其国家战略密切相关，有的甚至就是国家战略的重要组成部分。农业跨国公司往往具有鲜明的两重性，一方面给驻在国农业农村发展带来积极影响，另一方面也会带来极大的负面影响。若不积极对这些负面影响加以防范，可能会给驻在国农业发展甚至整个经济社会带来严重的负面影响和挑战。

第一，一些农业跨国公司采取不正当竞争方式破坏农业国际贸易公平性。

一些农业跨国公司为了追求高额垄断利润，采取不正当手段，阻碍国际贸易和投资的正常开展，在母国的支持和配合下，滥用管理措施设置技术性贸易壁垒，实行严重的贸易保护主义。有些贸易措施既是跨国公司行为，又是母国的国家意图。比如，有的发达国家为了本国农业跨国公司实施其全球战略，采取高额补贴的办法，支持某些农业跨国公司低价采购某种农产品，采取不公平贸易手段，向驻在国市场倾销，以实现其占领全球市场的目标。从当前情况看，一些国家的跨国公司采取违背世贸规则的措施，借经济和贸易自由化之名攫取别国农业资源和市场，已成为隐藏在农业国际贸易背后的公开秘密。

第二，一些农业跨国公司的垄断性经营影响了驻在国农业产业自主发展。

一些大型农业跨国公司凭借自己的实力和先进技术，控制甚至垄断了驻在国的重要农业生产部门，导致这些国家失去农业自主发展的能力。近些年来，一些农业跨国公司并购一些国家农业企业，而且要求必须绝对控股，以此达到控制这些国家农业发展的目的十分明显。回顾农业跨国公司利用母国某种农产品冲击驻在国农业产业的过程，可以看出农业跨国公司采取的是综合性战略。一是通过政府贸易谈判，降低其某种农产品进口关税和其他非关税进口限制，打压驻在国同类农产品生产。二是由农业跨国公司收购、兼并驻在国同类农产品加工企业，削弱驻在国同类产业及农产品加工业的竞争力。三是利用垄断驻在国的某种农产品加工业，制造驻在国的加工需求，为某种农产品大量涌入驻在国开路。同时，展开强大攻关活动，寻找经济、社会方面的支持力量，从而最终实现进入驻在国的战略目标。应当看到，一个国家在其弱质产业没有能力与外资竞争的情况下，若对外商直接投资不加防范，就极可能让外商在该产业形成垄断，导致本国民族产业失去成长机会。

第三，一些农业跨国公司在发生经营风险时向驻在国转嫁风险。

跨国公司在驻在国的并购和投资将导致该国部分经济区域和产业对跨国公司产生较强的依附性和从属性。一旦跨国公司母国发生经济危机，或者这些跨国公司在其他国家经营活动出现巨大风险，跨国公司就可以通过公司内部机制将风险转移给驻在国，从而给当地经济造成损害。特别是随着全球金融危机的发展，一些跨国公司转移风险的态势加剧。

农业是一个生产经营农产品及加工品等生活必需品的特殊产业，与其他产业相比，农业生产波动将影响到全体国民的基本生活，甚至影响到全社会的各个领域。如果驻在国的农业及农产品加工业为农业跨国公司所掌控，那么，其所带来的经济社会风险将难以预料和控制。此外，还有一些农业跨国公司依靠自己的强大实力，以获取别国的各种资源为目的，导致驻在国廉价出卖资源和劳动力，进而扩大了驻在国的贫富差距。农业跨国公司为了母国利益，把一些破坏生态、浪费资源、污染环境的项目和技术转移到驻在国，将安全风险不确定的农产品转移到国外生产和销售，特别是转移到一些发展中国家，对人类和自然环境造成潜在性危害。还有一些农业跨国公司凭借其实力影响一些国家农业政策、农业贸易规则的制定和实施，以从政策、法律和国际贸易规则方面获得发展机会。

（七）我国农业生产与食品安全问题

食品安全有两层含义：其一，数量上的供给安全，即有足够数量的食品可供维持人们的基本生存；其二，质量上的安全，即提供给人们的食品是没有受到污染的健康产品。食品安全的主要承担者之一是农业，因为农产品是食品的主要来源。经过多年的努力，食品数量上的安全问题暂时不再困扰我国。目前我国面临的食品安全问题主要来自食品质量方面。近年来，食品安全问题日益严峻，一系列食品安全事件的曝光，使人们认识到食品安全的监管必须从源头抓起，并贯穿到食品生产、销售的每个环节中。现代食品生产方式发生了很大变化，原材料生产、加工制造和销售的关系越来越密切，农业生产成为食品生产链条中不可分割的重要一环。农业作为食品生产的源头，其生产技术和经营方式对食品安全至关重要。然而，我国主要以家庭作为基本的农业生产单位，其分散、封闭的经营方式恰恰使农业成为食品安全监管的盲区。

一是滥用农药、饲料添加剂。由于我国的农业经营方式主要是家庭经营，农户对其所种植或养殖的产品品种、生产方式、采用的药物和添加剂等具有完全的自主权，而农户的经营目标是利润或者产出最大化。因此，滥用农药和各种添加剂的行为非常普遍。食品危机大都出自农产品生产、加工过程中添加的有害物质或滥加饲料与食品添加剂，而这些有害物大都是农民能轻易买到的，如农药、兽药、饲料、工业原料或装修涂料等，且成本都较低。农民也容易买到或通过勾兑获得各种添加剂。在粮食生产和畜牧业养殖过程中，农民缺乏必要的科技知识和指导，对所用农药和添加剂的成分、危害认识不清，使用剂量存在主观随意性，很容易造成食品源头的污染。

二是农业生产环节的食品安全监管不到位。目前，我国关于食品安全方面的法律、法规等各类规范性文件很多，但缺乏系统性，特别是在监管过程中漏洞较多。《国务院关于进一步加强食品安全工作的决定》中规定，农业部门负责监管初级产品生产，工商部门负责监管流通，质检部门负责监管生产加工环节和进出口，卫生部门负责监管餐饮卫生。这种分段监管存在各环节、多部门的衔接问题，容易出现监管真空。而目前对农业生产过程中的食品安全监管恰恰不到位。我国各地都只在县级人民政府设有食品药品监督管理机构。而乡镇一级政府既无食品药品监管机构，也无专职人员。而且农村地区的食品卫生监管也主要针对加工后的制成品，对粮食、蔬菜、水果和动物性产品的生产，根本没有办法做到全程监管。

三是滥用农业新技术。近年来，国内外农业技术的推广和运用也带来巨大的食品安全隐患。只不过这种隐患在目前还没有引起足够的重视。农业部门多推广高产和抗逆性指标良好的品种，而对以这些品种为加工原材料的食品质量、食品安全很少考虑。当前，转基因食品已进入我国居民的生活，常见的是食用油转基因产品。但转基因食品的安全性不确定，如毒性、过敏性、对抗生素的抵制作用等都有待评估。我国推广的各种农业技术首先以增产增收为目标。我国在推广技术的同时没有对这种技术的可能隐患进行宣传。如果农民运用不当，就会产生安全隐患。甚至在部分农村地区，有些不法商贩借用高科技、新品种的名义向农民推广销售掺杂有毒、含有违禁物质的饲料和药品。

二、影响我国农业发展的因素分析

近些年来，中央一号文件都把"三农"问题放在首位。这说明党中央、国务院对"三农"问题高度重视。国家每年对农业投入很大，但效果并不明显。我国各级政府也都非常重视"三农"问题，但是始终没有找到一个有效的发展模式。因此，十几年来，"三农"问题始终没有得到有效解决，也没有一个切实可行的解决方案。

（一）非市场经济体制阻碍了农业产业化与新型城镇化的发展

首先，农民对土地只有使用权没有所有权，农民无法通过对土地权进行处置来实现价值增值。一些地方政府廉价征用农民土地，高价卖给开发商，农民得到的只是地上物的补偿费，并没有得到应该得到的回报。农民对土地没有所有权，就无法将土地作为资产与投资人、农业企业合作实现自己的价值增长。

其次，国家虽然对"三农"问题非常重视，但是始终没有从体制上解决根本问题。由于没能有效地让资源向农业、农村倾斜，城乡资源配置不均衡，除了税收优惠和政策补贴外，没有可以推动农业发展的有效资源。

最后，一些地方政府重工商轻农业，将大量农民土地征用、出卖给开发商，忽视了农民利益与农业发展；高度重视招商引资与工商业发展，不重视培育和支持农业产业化企业的发展。

（二）我国农业生产方式十分传统与落后

目前，我国农业生产现代化程度低，还停留在一家一户小面积手工作业种植的传统生产方式上，生产效率低下，创造的价值较低。而以美国为代表的西方发达国家的农业生产现代化程度非常高，现代化农业生产实现了机械化、自动化、电气化与信息化。在美国，3个农民可以种植5000亩土地，而在中国，一家人最多种植几十亩土地。

（三）我国的土地所有制形式是农业产业化的障碍

农村家庭联产承包责任制，在改革开放初期对推动农业生产力发展、调动农民生产积极性起到了重要作用。但是随着社会的变革与经济技术的发展，在中国改革开放30年后的今天，家庭联产承包责任制分户种植模式，已经明显地成了我国发展现代农业的最大障碍。除了土地边界、农田道路与沟渠造成土地浪费之外，土地分户承包种植最大的弊端是无法使用现代化农业机械化、自动化装备进行大面积耕作，无法实现农业生产的高效化与高品质化。同时这也是中国农业产业化的瓶颈。美国的农田全部由农业企业在种植，根本不存在农民个人种地问题，并且，美国的农业企业经营是从种子研发、科技创新、种植、精深加工到终端产品市场营销的全产业链经营。因此，美国农业产业效率较高。美国农业的发展也曾经历过从农庄、农场到农业企业的过程。农业企业之间的竞争与兼并，使得美国农业产业的集中度不断提高。同时，美国农业生产的现代化程度也不断提高。目前美国农业产业已经达到了高度集中的程度。全美国的农业被控制在四家农业企业手中。此外，美国农业发展快还有另外一个原因，就是国家对农业的补贴支持力度非常大。如果美国农业企业种植价值100美元的粮食，美国政府就补贴100美元来支持农业企业的发展，再加上美国农业的高科技推动，高产、高附加值农作物的研发和农产品的精深加工，使得农产品的价值数倍增加。与此相适应，农业企业利润水平的提高也吸引了资本的介入。在资本的推动下，美国的农业发展更快速。

（四）农业发展缺乏发展理念、技术和资金

我国的农业发展在既缺乏发展理念、发展技术，又缺乏资本的情况下无法实现快速发展。农业产业化应该以市场价值为导向。对于农业产业化、产业链的设计，懂得市场规律的商业专家、投融资专家应该进行可行性研究。因为种植的作物种类、深加工产品的市场价值与竞争优势直接决定了对农业产业的投资成功与失败。而我国的农业项目的规划几乎都是由农业规划机构做的。甚至不少农业项目完全是为了获得扶持而被设计的。

我国一些地区的农村、农民既没有技术又没有投资能力，更没有发展思路，

再加上地方政府对农业发展没有清晰思路。因此，仅仅靠农民手中的资源无法实现农业产业化。全球农业科技最发达的国家是美国，其次是日本。美国通过基因技术来解决提高农产品价值、产量、质量与抗病虫害问题。日本的基因技术水平也非常高。农业科技创新是农业产业化的原动力。例如，陕西省西安市附近的鄠邑区的一个葡萄种植基地因使用日本的葡萄种植技术，实现了葡萄的高产量、高品质，一年内五熟，一年收获五茬葡萄。又如，一位就职于香港某上市公司的美国农业专家，解决了冬虫夏草的工厂化生产问题，而且生产的冬虫夏草的质量比野生的还好，且不含重金属。农业产业化必须建立在农产品的精深加工上，否则农业产业链不完整，农产品就没有市场出路，就更谈不上提高附加值了。要对农产品进行精深加工，拉长产业链，就必须在有资本介入的情况下才能实现。农业产业的特点是投资回报率低、投资回收周期长（有的项目投资 5 年内没有任何回报）。我国许多的农业项目，因为事前没有做详细的投资预算与可行性分析，所以农业企业在投资过程中出现资金链断裂而导致失败。因此，如果没有投资能力强的企业介入农业、没有资本投入农业，就无法实现农业产业化。

（五）缺少详细的土地流转机制和操作规则

党中央、国务院虽然在前两年出台了农业用地土地流转政策。但是因为没有详细的土地流转机制和操作规则，造成全国各地土地流转模式不统一。并且因种种障碍，土地流转无法顺利完成。例如，安徽省阜阳市某区仅因两三家钉子户不同意土地流转而使土地流转受阻，无法进行下去。总之，全国关于土地流转暂时还没有特别成功的模式，土地流转难以进行，直接阻碍了我国农业产业化的发展进程。

（六）新农村建设未带来有益影响

目前的新农村建设并没有给农业产业化和新型城镇化带来有益影响。新型城镇化、新农村建设，应该建立在农业产业化和农民身份转变的基础上。但一些地方政府并不重视农业产业化模式研究与推广，为了卖地，以新农村建设为幌子让农民住进楼房，腾出土地，从而取得配套建设用地指标来卖地。而农民因住楼房，没有存放农业生产资料与农机具的场所。农民原有居住方式遭到破坏，从而给农民生产与生活带来了诸多不便。农业产业化没有得到发展，农民身份没有转变，农村城镇化也就根本无从谈起。

（七）地方政府对农业的重视不足

一些地方政府只重视招商引资，不重视通过农业产业化来发展地方经济。经调研发现，由于每个省都把招商引资作为考核下级政府政绩的重要指标。加上地方政府领导更换过于频繁，扶持农业企业发展周期太长，一个农业企业还没扶持起来，地方政府领导就又被调走了，短期看不到政绩，而招商引资来得比较快，政绩较明显。因此，很多地方政府领导只重视招商引资，不重视农业产业发展。这也是我国农业经济发展缓慢的原因之一。

（八）农民奔小康的发展方向不正确

国家支持农民奔小康，本来应该是就地发展农业产业，就地致富，可是，不少基层地方政府不引导农民就地发展农业、就地创办农业企业，通过就地发展农业企业来致富，而是单纯鼓励农民外出务工，从而造成农村有效劳动力大量外流。农村剩下的都是老弱病残的人，造成许多土地荒芜无人种植，不但无法发展农业产业，更无法实现农村城镇化。

我国农业人口占总人口的70%，创造的国内生产总值却只有10%。这一事实反映了我国农业发展十分落后。只有大力发展农业经济，中国经济才会快速发展。同时，这也是中国经济发展的根本出路之一。从目前实践看，切实搞好农村土地流转，因地制宜地推进新型城镇化，是解决"三农"问题的有效途径。

第三节　农业产业转型的机遇与挑战

一、农业产业转型面临的机遇

农业对于我国的粮食安全及经济安全有着至关重要的作用。在"十二五"期间，我国农业发展取得了重大的成就：农业科技在加快发展，农业的综合生产能力明显提高，在应对经济危机和自然灾害的同时，保持了良好的发展势头。在"十三五"期间，我国农业面临着诸多新形势。可谓挑战与机遇并存。这些挑战和机遇对我国农业的发展提出了新的要求。

（一）农业生产由温饱农业向品质农业转变

所谓品质农业可以被概括为，以农业规模化、区域化为基础，以标准化生产、产业化经营为手段，以名优品牌创建、产品质量认证为标志，以农产品优质安全为核心，以实现较高的经济、生态、社会效益为目的的现代农业生产体系。

发展品质农业是现代农业及其关联产业协调发展的内在要求。建设现代农业不仅是以提高传统种养业生产能力和技术水平为手段增加农产品数量供给的过程，更是不断注入科技、信息、管理、服务、设施等现代化要素，逐步提升农产品品质的过程。同时，随着农产品市场的多样化和加工业的深度发展，目前农产品的品质、规格、安全标准等远不能满足现代加工业的要求，制约了农产品加工业的发展。要实现农产品加工业快速协调发展，就必须解决农产品品质结构，并由此带动营销、信息、科技等相关产业协调发展。

当前，我国已进入工业化中期阶段和城镇化快速发展时期，农业也已进入一个新的发展阶段。虽然农业在国内生产总值中所占的比重越来越低，农民收入增长来源也由过去主要依靠农业转向越来越依靠非农产业，但农业的基础作用非但没有减弱，而且表现更加突出。

大家知道，农业是高度依赖自然资源的产业。在人多地少的国家，大幅度提高农业劳动生产率不易。从事小规模经营的农民消化生产成本上涨的能力很弱。在这种情况下，农产品价格合理上涨就成为保障农产品供给、平衡工业与农业利益关系的手段。而品质农业正是因为可以满足市场消费对优质安全的需求，逐步合理地提高农产品价格，才能获得市场的认可。这样，农业的基础地位就会得到巩固和加强。

（二）宏观政策形势的巩固强化是农业发展的外部环境

党中央、国务院高度重视"三农"工作，把发展现代农业作为加快转变经济发展方式的重大任务，把同步推进工业化、城镇化和农业现代化作为政策导向，把统筹城乡发展作为全面建设小康社会的根本要求。目前，全社会关心农民、支持农业、关注农村的氛围更加浓厚，农业发展的环境条件更加有利。一是我国农业即将进入新的发展阶段。2013年，中央一号文件创新性地提出农业生产经营组织改革，未来农业经营将向规模化、专业化和标准化发展，专业户、家庭农场和龙头企业将成为农业市场主体，农业将从传统的分散型走向集中化。二是我国已进入以工补农、以城带乡的发展阶段。综合国力和财政实力不断增强将使强农惠农力度的持续加大。同时，我国工业化已进入新阶段，对农业发展的拉动作用将更加明显。三是经济结构战略性调整不断深化，扩大内需战略全面实施，城乡居民消费结构加快升级，农业发展的空间将更加广阔。四是农村改革深入推进，体制机制不断完善，农业的制度基础更加坚实，发展活力将进一步增强。

（三）农业功能的日益丰富是我国农业发展的基础支撑

党的十八大报告提出经济、政治、文化、社会、生态文明建设在内的"五位一体"的战略布局，也提出要充分发挥农业对经济、政治、社会、文化、生态建设的基础和支撑作用。这种作用就赋予了农业的多功能性。

农业多功能的理念最早出现在联合国的重要文献中，是指农业除了具有生产食物和植物纤维等农产品这一主要和传统的经济功能外，同时还具有其他经济、社会和环境方面的非经济生产功能。在初级发展阶段，农业主要具有五种基础功能。一是食品保障功能。"民以食为天"，为国民经济发展提供稳定的食物供应是农业的基本功能。二是原料供给功能。农业不仅保证稳定的食物供给，而且为工业生产提供原料。三是市场功能。农业和农业人口的消费需求是一国工业产品市场的重要组成部分。四是就业增收功能。农业蕴藏着巨大的就业增收潜力，是农民就业增收的重要产业。五是劳动力输出功能。在经济社会发展过程中，农业剩余劳动力逐步向非农产业转移，为第二、第三产业发展提供了劳动力。一个国家农业的功能组成要依据该国的国情而定。对美国等农业生产率很高的国家而言，在巩固农业基础功能的同时，主要强化农业扩大对外出口的功能。对一些发展中国家而言，发展粮食生产、保障粮食安全仍是关键问题。

随着经济社会的快速发展，除了食品保障、原料供给、就业增收等基础功能外，农业逐渐被赋予更多的社会性功能，如能源替代、休闲观光、生态保护和文化传承等功能。农业生产中用于满足人们基本生活需要的各种农产品生产的比重在不断降低，而用于人们现代消费、出口创汇等的各种农产品生产，以及用于恢复和维系自然生态平衡、保护自然环境的农业活动的比重则明显上升。日本、欧盟等发达国家与我国深圳、广东、上海等发达地区提出与倡导农业多功能性的理念，不仅强调农业的经济功能，同时也强调农业的政治功能、社会功能、生态功能与文化功能。欧盟、日韩等国主张加强对农业多功能性的研究，以指导现代农业发展的实践。日本政府结合国内各地的食品需求、土壤结构和农业生态特点，对农作物种植区域进行合理规划，使农场兼具生产、生态、生活三大功能。韩国政府强调农业的农产品供给功能，强调保护本国农业，同时又注重农业的文化功能，强调继承和保护本国悠久的农耕传统和田园文化。欧盟各国则更关注食品安全和国民健康，重点解决粮食产量与生态环境之间的紧张关系。因此，我国要在巩固农业食物保障功能的基础上，重视农业的社会保障与生态保护的功能，拓展农业的休闲旅游的文化功能。

（四）农业发展方式的转变是我国农业发展的内生动力

"十三五"期间是加快现代农业发展的重要战略机遇期。国家提出将以转变农业发展方式作为主线，把保障国家粮食安全作为首要目标，把促进农民持续较快增收作为中心目标，提高农业综合生产能力、抗风险能力和市场竞争能力，推进农业生产经营专业化、标准化、规模化、集约化，强化政策、科技、装备、人才、体制支撑，力争通过五年的努力，使现代农业和新农村建设取得阶段性明显进展。

二、农业发展转型面临的挑战

"农，天下之本，务莫大焉"。自 1978 年以来，我国农业和农村改革取得了举世瞩目的成绩，但存在的问题也不容忽视。当前，我国农业基础薄弱、农业经济效益低下、农业发展方式粗放的局面尚未根本转变。有四个"并存"令人困惑：农民收入快速增长与城乡收入差距居高不下并存、农村劳动力资源枯竭与农村人口大量外流并存、土地资源日趋紧张与土地大量撂荒并存、农产品产量持续增长与农产品缺口持续扩大并存。这些问题给中国农村改革与农业发展转型带来了巨大挑战。

第一，部分地区农业和农村处于被"放弃"或"忽视"的状态，中国农村的空心化越来越突出。改革开放以来，尤其是 1984 年以后，偏向城市的发展战略，对农业和农村发展产生了严重的抑制效应。不少农民走出农村，走向城市，以农民工的方式在城市"分一杯羹"。作为农村经济主体的农民对农业和农村产生了一种挥之不去的"失望"心理。农业和农村在一定程度上处于被"放弃"或"忽视"的状态。农村，尤其是西部地区的农村，因大量农民工外出，"人才空心化"问题十分突出。留守农村的劳动力多是老人，文化程度低，接受新技术能力弱，许多人看不懂种子、农药、肥料的使用说明书，农业技术推广十分困难。第三次全国农业普查显示，在全国农业从业人员中，55 岁以上的占33.5%，农业劳动力中初中及以下文化程度者所占比重高达 91%。中国农业劳动力的素质呈结构性下降，用工成本迅速上涨，依靠低成本劳动力支撑现代农业发展的空间逐渐缩小。自然资源部的相关调查数据显示，我国每年撂荒的耕地近 3000 万亩。陈锡文指出，统筹城乡发展的目的，就是要加快各种要素向农村转移，帮助农村更快地发展。然而目前农村人才的空心化、农村产业的空心化、土地利用的空心化、农村资本的空心化十分严重，导致城乡统筹进入困局。如不加速农业发展方式的转变，我国良好的经济增长局面将无法维持。

第二，我国现在的农业发展方式一定程度上是以牺牲未来的土壤资源、自然环境为代价的。我国农业发展方式具有明显的粗放特征。我国的农业资源越来越紧缺。我国现有耕地 18.24 亿亩，其中中低产田占 2/3。仅从 1996 年到 2008 年，我国的耕地面积就减少了 833.3 万公顷。目前，我国人均土地资源仅仅是世界平均水平的 40%，水资源和森林资源仅仅是世界平均水平的 1/4。在这种资源状态下，化肥、农药等投入是全世界规模最大的，然而其利用效率又非常低。我国化肥的利用率仅仅为 35%，农药的利用率仅仅为 30%，水的利用率仅为 40%，有效灌溉面积仅为 48%。我国农业增长的科技含量很低，来自科技进步的贡献大约为 52%，而一般发达国家在 75% 以上；我国农机使用率只有 50%，手工劳动依然占一半。主要依靠增加投入获得增长的农业生产方式不仅带来了资源浪费，还带来了巨大污染。全国污染源的普查结果显示，在氮和磷的排放量中，农业占到 50% 以上。我国现在的农业发展在一定程度上是以牺牲未来的土壤资源、自然环境为代价的。从未来发展趋势看，耕地、淡水等资源的刚性约束进一步加剧，生态环境保护的压力越来越大，依靠大量消耗资源的传统生产方式已难以为继。"地不可不力也，用不可不节也"。我国农业资源枯竭的态势警醒我们，中国的农业发展方式已不得不加速转型了。

第三，目前国内农产品生产已不能满足需求，进口依赖度逐年增大。我国现在的资源和生产条件保证不了现有人口高品质的生活。目前我国粮食的供给缺口依然存在。据海关统计，2019 年，我国累计进口谷物和谷物粉 1785 万吨，进口大豆 8851.1 万吨，合计 10721.1 万吨，较 2018 年下降 9.2%。2019 年，我国粮食出口数量为 434 万吨，同比增长 18.7%；粮食出口金额为 24 亿 1306 万美元，同比增长 10.3%。近年来，部分农产品的进口数量与日俱增，备受关注的三大农产品大豆、植物油、棉花这几年的进口量都相当大，我们现在的生活消耗是超出自身资源和农业生产水平的。而国际上"不断上涨的粮价，已经将世界逼迫到危险的边缘"。国际形势警告我们，加速农业发展方式转变已迫在眉睫。

第三章 农业产业转型的影响因素

第一节 农地金融

农地金融制度从某些程度来说就是将土地金融制度放到农村这一特定范围内。由于我国土地所有权归国家所有，因此农地金融制度是指农民将自己对于土地的使用权进行抵押，包括集体的土地，通过将使用权流转让给需求者获得资金，在具体表述中可能用农地或者农地金融来代替。因此针对我国当前的情况，将农地金融定义为，农地金融机构办理的与农地开发、利用、经营有关的全部金融活动，是指以贷款、抵押、租赁等交易以及其他金融形式，将农村土地使用权进行流转的金融活动。在农地金融中，贷款人以土地使用权为抵押品获得资金，投资人在不能收回资金的情况下可以获得土地的经营权，具体方法可以通过将土地债券化等方式。农村土地金融与其他金融业务相比，具有自身的特殊性。

一、农地金融影响农业产业转型的理论分析

农村之所以能够发展起农地金融也得益于土地自身的一些特性。农民可以对土地的使用权进行抵押或流转。一方面，土地不能被转移，位置不会发生变化。债务人若不能履行债务，债权人可通过处置被抵押的土地保证债权利益。另一方面，土地若能得以合理利用，还能产生经济价值。此外，由于地少人多，土地资源不可再生，未来土地的价格也可能会有一定增值的空间。

从土地抵押融通的资金用途来看，资金多用于改善基础设施、土地开发等方面。而这些项目占用的时间一般较长，短期内也看不出经济效益。因而，如果将土地作为抵押物，偿还期必须较长，且贷款利率不能太高。偿还期短则为3～5年，长则为10～20年，甚至更久。贷款利率据市场利率浮动，但建议不超过5%。因而此类贷款一般都带有较强的政府扶持性质。而土地由于具有

固定性、分割困难等特征，本身在流通范围上存在较大的限制，如果能够将土地运营证券化，将土地作为债权发行的抵押担保物，则能扩大土地的流通范围。

随着城镇化的持续推进，农村用地越来越少，怎么在有限的土地资源上保持原有甚至生产更多的粮食和蔬菜等，成为日益严重的问题。在人多地少并且粮食需求仍在不断增长的前提下，资源却还在不断减少。这就对与现代农业提出了要求，具体可以从资源配置效率、土地投入产出效率以及农民劳动生产效率三个方面来分析。要想落实现代化农业，实现传统农业的转型，就要逐步转变农业的增长方式，保证农业发展的速度与质量，进而实现农村生产力的飞跃。

由此看来，现代农业的发展是农业综合能力提高的指南针，是农民增加收入的一种新保障，是调动农民投入新农村建设积极性的基础，更是改变日益严峻资源和环境的迫切需求。在实现资源基础性农业向科学技术基础性农业的转变上，以农地金融为代表的一系列金融资源发挥着以下不可忽视的作用。

（一）提供必要的资金

农业和农村的持续发展需要大量资金的投入。只有保证持续的投入资金，才能促使农村产业结构的转变与升级。过往农业集体投入主要为政府财政的支出、农户自身的投入，而这些资金却是逐年递减的。资金的压力都集中到了农地金融上面。因而要想解决资金的需求问题，首先就要解决农业的衍生金额需求的问题。要想解决传统农业产业发展的分散及市场需求日益扩大这二者之间的矛盾，就要改变现有的农业结构，提高农业发展的效率来适应农业现代化的需求。而具体的解决办法包括将分散的粗放式农业转变为集约化的现代农业，通过扩大生产规模，建立专业化的农产品及相关工业品的生产基地。而这都依赖于资金的大量投入。

目前农村产业并不能满足市场对于它的需求，究其原因还是在于产品质量及服务的技术水平较低。因而，推进农村产业的技术升级，对于提高农村产业的市场竞争力有着极其重要的意义。这就要求农村产业要提升现有的技术体系，促进农村产业由劳动密集型向技术密集型转变。同时，要切实满足人们对于农村产业的需求。要实现这一目标就要促使农村产业结构高级化，就需要引进先进的生产经营方法及管理技术。而这一过程需要大量的资金来支持。

此外，每个地方有自己特色的农业。这些特色农业的发展都需要资金。由于各地区的气候等各方面的条件很多不具备可复制性，所以需要更多的相关的设备、技术投入，在前期甚至不能保证会不会有回报。但一旦成功，特色现代农业建设对本地区和全国的农业都会有示范效应，对于目前盲目跟风的重复建设有很强的抑制效应。因此，国家要大力扶持特色农业。科学合理的合作模式可以为农业的发展和金融机构带来双赢。这时，农地金融成为首选。

为了全面改善非城市地区的生产情况，同时改变小城镇，国家有必要在资金上进行特别的处理，提高对非城市地区企业的重视程度。同时由于自然的规律，非城市地区企业也会趋于集中化。汇总集中化可以为不大的城市或者非城市地区提供必要的电力供应、交流方面的服务等。这种资源的供给不是一次性的，而应是持续不断的。

（二）创造农业发展的稳定环境

农业的性质决定了其需要金融的支持。我国的农业具有基础性和弱质性等特征，金融的功能和自身的发展机制也要求金融支持现代农业发展。金融支持现代农业发展可以产生互促互进的效果。农业是我国国民经济的基础，为国民经济持续稳定的发展做出了重大贡献。首先，农业为国民经济提供不可缺少的粮食，降低我国农业对外国的依赖程度。其次，农业为工业发展提供了原材料。目前，市场上大部分生活必需品都是在以农业产品为原材料的产业链的基础上延伸而来的。最后，随着我国农业的深度发展，农业中的过剩劳动力也在向非农业转移，为农村中的非农产业以及城市经济的建设提供大量劳动力，缓解了劳动力不足的状况。由此可见，我国农业在促进国民经济发展、提高人民生活水平和提升我国综合实力方面发挥着不可替代的作用。

持续稳定地增加对农业的投入的目的之一是提高农业生产技术和改善生产条件，改善农业对自然条件的过度依赖的状况。同时扩大农业生产规模，提高农业生产的组织化程度，达到提高抗风险能力的目的，从而实现农业生产的科技化，降低农业生产的市场风险，增加农民的收入。要实现这些就需要向农业投入大量的资金。一般来说，投入资金的来源渠道主要有三个：农户和农业企业的自有资金、国家财政投入的支农资金和其他形式的金融资金。当前，在我国，第一种资金投入有限且循环力度不足，国家财政资金又严重缺乏。加大金融资金以支持农业的发展就变得非常迫切和必要。

（三）提升农民的素质及配套机构的效率

农村就业面窄，大量人才流失，农业转型缺乏智力支撑。农地金融机构在储蓄者和投资者之间搭建资金融通的桥梁，可以对二者的资金供求重新进行科学合理的安排，从而提高资金对农业的贡献率。主要表现在三个方面：首先，投入资金，一般包括政府、农村企业以及农户自身的投入资金。而金融机构的加入在一定程度上可以帮助农民通过拆迁实现农地升值，也提高了周边其他要素的使用效率。其次，金融机构可以在加快农村储蓄资金积累的同时，将储蓄向投资转化的深度和广度进一步拓展，有利于促进农业转型。最后，在科学配置上，金融机构的加入有利于避免盲目性和滞后性。国家的财政支出不以营利为目的，只从宏观上给予农业适时调控，资金利用效率得不到应有的体现。金融机构作为一个理性的经济人，会将争取利益的最大化作为资源配置的前提，对市场上的风险、收益等进行评估，及时掌握市场上的最新消息，收回不合格的企业或个人资金，而对于有前景的企业和个人，则追加投资，以促进生产要素由低效率产业向高效率产业转移，从而推动农业产业结构优化现有的形式。

二、农地金融影响农业产业转型的现状分析

（一）农地金融取得的成就

1. 相关政策和法律法规得以建立和完善

我国当前仍在延续社会主义公有制的土地模式。土地所有权仍然不具备抵押融资的功能。我国人民不能和实行土地私有制的其他国家的人民那样，对土地所有权进行买卖或者抵押等。因此，在开展与农地相关的金融业务，建立农地金融制度时，必须结合我国农村当前现状，主动创新。在抵押贷款过程中，充分考虑到土地承包经营权的局限性，以缓解农民贷款需求与抵押物不足之间的矛盾，为下一步更好开展农地金融建立良好的基础。面对农民自主创新方面的强烈需求，国家主动提供了政策层面上的支持，在给予农村金融相关扶持政策的过程中也慢慢建立体系。这成为近几年我国农村金融服务的一大新特点。2008 年，中国人民银行、中国银行监督管理委员会（以下简称"银监会"）联合出台《关于加快推进农村金融产品和服务方式创新的意见》，同时从 2008年开始，中国人民银行会同相关部门和机构共同编写《中国农村金融服务报告》，主要介绍我国当年或前几年农村的发展情况，包括市场的扩大、金融机构以及服务创新发展等方面出台的法律法规和政策措施。2009 年 11 月 23 日，由江苏省第十一届人民代表大会通过的《江苏省农民专业合作社条例》，对很多问题进行了进一步说明，如专业合作社的范畴等。在 2014 年 9 月，由银监会和农业部联合印发的《关于金融支持农业规模化生产和集约化经营的指导意见》明确各类银行业机构在支持农业规模化生产以及集约化经营方面的具体要求。因为这些政策的出台和实施，不仅为农村金融市场注入新的活力，也增强了农村金融机构探索农村金融业务的动力。

2. 农村贷款额增加，农民收入水平提升

金融机构在投入扶持"三农"的绩效显著，"三农"及相关贷款的增速明显高于国内生产总值（GDP），除此以外，农业增加值在 GDP 中所占的比重也远低于贷款所占的比重。1978 年，农业贷款仅为 155.9 亿元；1986 年，突破千亿元；2005 年，突破万亿元。农民人均纯收入是反映农村经济乃至全国经济发展的一个重要衡量指标，农业转型重要目标之一就是促进农民增收。在此期间，农村经济同样取得快速发展，农民收入实现大幅度增长。1978 年，农民人均纯收入为 134 元；2000 年为 5919 元；2015 年为 11422 元，比 1978 年增长近 85 倍。在这样的大背景下，用农村土地经营权来抵押贷款，从而将金融机构里的闲置资金与农业发展中对资金的需求结合起来，可以进一步发挥土地的固定资产功能，创新农地金融发展的方式，使土地更直接地发挥融资功能。农地金融打破了以往土地只能作为财富象征的传统理念，将土地作为货币的一种形式直接进入流通领域，拓宽资金流的来源渠道，解决因抵押物不足导致的贷款难的问题。目前，我国的贵州、宁夏等多个省市针对农村的这种需求，相继推出多种形式的土地承包经营权抵押贷款业务，进一步盘活农民手中的资源。

3. 国内生产总值的三次产业结构更趋合理

三次产业结构是衡量国家经济发展水平很重要的一个经济指标，其是否合理直接关系到综合国力甚至是经济能否可持续发展。我国的农业结构经过从改革开放到现在四十多年的发展，相对应的结构值已经由 1978 年的 27.9：47.6：24.5 变为 2000 年的 14.7：45.4：39.8，再变为 2014 年的 9.2：42.7：48.1，第一产业比值约减少了三分之二，第二产业和第三产业的比值大幅度增加，就技术水平和生产力水平来说，目前已位于发展中国家的中上水平。2009 年，印度国内生产总值三次产业构成为 17：18.5：64.5，相对于我国的 10.3：46.3：43.4，第三产业的比例绝对占优，但是印度产业结构优化过程发展迟缓，我国优化进程更快，第二产业向第三产业稳步升级。

（二）农业产业转型发展的现状

1. 农业产业转型取得的成就

我国的农业产业转型发展目前大致可以分为三个阶段：从改革开放到 1984 年，从 1985 年到 1997 年，以及从之后的 1998 年到现在。在 1978 年至 1984 年期间，我国出台了一系列重要的文件，对农业发展提出了更为具体的要求，包括农业的贷款额、国家对农业的扶持力度以及配套的政策等。这对农业金融

的发展起到了基础性的作用。在改革开放的第二年，对农业来说是非常重要的。农业银行恢复成立的最直接的结果就是 1984 年的农业贷款额是 1978 年的两倍多。虽然国家财政对于农业的支出下降，但金融机构对农业的支持比例有所增加。农信社和农业银行在农业发展中的作用巨大，一方面，它们分担了国家在财政支出上面的重担，另一方面，更及时地为农业提供金融支持，使金融作用得以体现。

在第二阶段的十三年间，农业结构受惠于金融层面的支持，具体表现在以下方面。首先，金融支持的业务更加多元化。我国农村保险业开始于 1996 年，农业的弱质性由于技术的进步等而被削弱，但弊端是时间周期长且无法从根本上避免。农业保险的出现很好地解决这一难题。农民在无法对农业的生产进行预测时，可以事先购买农业保险，一旦出现自然灾害，可以减少损失。我国政府也通过保险业对农业的产业结构进行引导，促进农村产业结构的优化和升级，特别是促进第三产业的出现。其次，农业的金融资金来源更广。农业发展银行在第二阶段的第十年成立，它的一系列针对农业的优惠服务在给农民带来确切收益的同时，对其他的银行和金融机构也起到引导的作用。因为其定位是农村政策性金融机构，提供农业发展中所需的机械设备、扶持贫困农民和给予农业补贴等都在其服务范围内。相关的企业也可以得到相应的帮助。最后，农村市场的发展对农村金融的发展起到促进作用。我国农业在 1997 年第二阶段结束时的贷款总额比开始时的贷款总额增加了十倍，乡镇企业和农民在得益于农村金融的同时，也在反哺相关的金融机构，为农业发展提供了充足的资金支持。

最后一阶段是 1998 年到现在。为了争取在之前的基础上进一步提升，金融机构自身也在寻求新的方法。经过第一阶段和第二阶段的发展，农业在第三阶段会进入一个快速发展的时期。在这期间对资金的需求强度和方式都会发生很大变化。2004 年，我国农业信贷规模还只有 7190 亿元，2010 年增加 1.3 倍多。农业科技贷款也应运而生。许多地方通过"公司＋基地＋农户"等新的组织形式，将农村土地等抵押品与资金渠道的拓宽联合起来，以解决当地农民抵押物不足或者与已存在的政策不合适的问题。随着农村信贷市场的发展，资本市场对"三农"的影响越来越大，农村企业通过金融机构上市的数量增加。相对于 20 世纪 90 年代初，这个数量增加了十倍以上。农业生产也更趋于规模化和现代化。同时，农产品期货市场也逐步显现出了其规避风险等功能，为农村产业发展做出了极大的贡献。另外，期货的种类和交易的数额都快速增加。

2. 农村产业转型金融供需失衡

综合各方面信息来看，我国在提到农地金融时一般会想到资金供给不足、资金来源不广等问题，却忽略了金融需求不足的问题。在很长的一段时间里，为了更好地促进现代农业的发展，国内相关的研究多集中在金融层面，而农民和相关企业对于贷款的需求不足也制约着农业的发展。在我国很多偏远地区，虽然金融机构和信贷机构早已普及，但农民的存贷比远低于理想水平。传统的思想让他们对于金融机构的信任度还不够高、对具体的操作流程不了解而缺乏进行贷款的动力、金融机构的很多项目不符合当地的发展条件和国家关于"三农"问题最新的政策落实还需要一定的时间等情况，都是导致金融方面供需不平衡的原因，对于现有的农村金融资源来说也是一种浪费。严重的金融抑制现象不利于我国农村金融市场的发展，再加上需求不足，想要建立金融机构和农民之间良好的互惠互利关系，还有很长的一段路要走。

从理论上看，引导农户提高自身能力具有典型的正外部性。但是在当前市场机制尚不完善的情况下，我们不能寄希望于商业化运作的金融供给主体。此时，政府的介入就具有必要性和必然性了。我国作为人口大国，在农业发展的困难程度上远超于其他国家。一种政策的完全落实需要很长一段时间。农民根深蒂固的保守思想不是一朝一夕就可以瓦解的。这种思想不仅会让农民的收入很难增加，也使得农民在农业转型升级到现代农业的过程中错失良机，缺乏对投入新技术的积极性。我国在很长一段时间内都实行计划经济，政府具有权威，政府可以出面引导农民正确认识并积极面对新事物。当前农业发展的设备和方法很多都过时了，需要更新换代以适应当前城镇化的新局面，也需要通过金融机构来提供大量的资金。农民需要转变思想观念，不能依靠传统的小农经济。在保留以前农业模式优势的同时弥补不足，是未来农业发展的重点。

（三）农村产业转型中供需失衡的原因

从目前来看，农地金融仍处于起步阶段，很多方面仍需改进。而现代农业在结构调整升级的过程中，对金融需求在不断变化着，但是当前农地金融的制度供给明显滞后于需求，当前的金融抑制现象有其存在的历史原因和现实原因，可以从以下几个方面来阐述。

1. 农村大量资金外流导致资金供给不足

农业转型在度过最初的平稳期后进入快速发展的阶段。对于资金的需求规模同样进入飞速增长的时期。传统的资金链供不应求。无论是农业的科技推广、现代农业的产业化发展以及农村非农产业的技术改造升级，或者是农村市场体系建设等各环节都需要巨量的资金来保驾护航。虽然近年来，在政策和市场的双重刺激下，金融机构支农资金有所增加，但仍满足不了农业发展的资金需求。在政府财政支出中，农业支出所占比例非常小，难以满足愈发增长的农村产业结构调整对于信贷资金的需求。而农村金融对农村产业结构调整的资金投入有限。在农村金融资金难以满足农村需求的前提下，金融机构中的存款却大量流入到收益更好的城市、第二产业和第三产业的建设中。大量资金流出所带来的弊端明显，加大了产业之间的发展差距。农业发展对资金极为强烈的需求不能被满足，农业产业结构调整所需的前提条件有所欠缺，极大地减小了金融对农村产业结构调整的支持力度。

我国城乡居民收入差距仍然存在。1978 年，我国城镇居民人均收入为343.4 元，约是农村居民收入的 2.57 倍。2014 年，城镇居民人均收入为 29381元，农村居民人均收入为 9892 元，城镇居民收入约是农村居民收入的 2.97 倍，虽然农民收入在增加，与城镇居民的收入差距却在加大。农民可以用来积蓄的资金相比于城镇人民仍然十分微薄。农村中的企业主体规模较小，并且对流动资金的需求旺盛。自身的流动资金都不能满足自身的需要，可用来储蓄的基本没有。另外，由于固化的传统保守思想和不健全的农村保障机制，农民基本的做法都是把钱放在自己身边以备不时之需。农村的金融机构在我国基本不具备吸纳存款的能力，主要还是依靠于政府和企业。此外，我国目前金融机构的融资方式比较单一，除了在少数试点采用证券的形式之外，大多数都只依靠机构自身的资金能力。这对银行来说也是一种负担。资金链的压力增大，一旦出现不良资产等情况，贷款就不能顺利进行。在没有新的抵押物可以进行融资转换新的融资方式情况下，可流动的资金规模毕竟有限，资金供给不足的情况与日俱增。

2. 在农村产业结构调整中，金融支持效率不高

农村金融对农业结构调整的范围不大。鉴于农业转型升级的范围太广，想要面面俱到难度较大。从农业的角度来看，就包括很多方面，如农业、渔业以及其他的农副产业。从企业的角度来看，农业产品公司需要进一步优化结构，要把这些全部考虑进去，同时又要细化到每一个具体的细节，需要金融机构做好点对点的工作，把这些金融资金用到该用的地方，促进整个农业的全面升级。此外在农地抵押方面，也会产生更深远的影响。

金融机构虽然一直作为储蓄和投资的桥梁，但从本质上来说也是服务业。

当前的金融机构数量在增加，但是服务却无法跟上农业转型的节奏，现代农业在发展过程中对金融的需求规模和频率也在不断变化。而农村金融机构对农村产业结构调整提供的服务一成不变，只根据自身的情况进行调整，并没有配合农业结构的调整进行调整。这种缺乏针对性的模式导致其服务与内容无法衔接起来。正因为这样，金融机构在农村产业结构调整中没有发挥出主观能动性，只是被动地接受相关单位或个人提出的基本信贷需求。这一做法极大地浪费其机构优势，未能在产业结构调整进程中发挥出其应有的作用。金融机构的规模在日益扩大，不可避免地存在很多资源配置不合理的现象。导致这个问题的其中一个原因是金融机构自身水平的参差不齐，比如，很多员工的素质有待提升，缺乏对于所从事行业的专业知识或者没有及时处理风险而给机构带来了不必要的损失等。正是因为当前农村金融机构的局限性，很多尚处在初期的特色农业由于效益不突出，没有获得金融机构的支持而错过农业升级的有利时机，对整个经济体系都产生不利影响。这些原因都导致金融支持效率低下，没有发挥出应有的功能。

3. 在农村产业结构调整中，信贷服务不合理

信用贷款服务在很多方面仍然存在不足。针对这点，可以从几个方面来进行说明。一是农民获得贷款的时间没有那么及时。从申请到获得贷款时间周期较长。二是农民的贷款需求不能得到满足。现有的相关研究表明，当前的贷款中大部分都是时间较短的贷款，所占比例超过四分之三，但是对于农村的农民来说，其都需要长时间的贷款。所以，目前的主要问题就是农民得到贷款的时间太晚，贷款可用的时间短。三是这些贷款的数额不大。城郊地区的房屋、公路等基础设施的修建需要很多资金，但是现在的农村金融供给以小额贷款为主，太少的资金满足不了农民迫切的需求。

4. 金融支持代价较高

不只是农业发展自带弱质性，金融业的发展也同样有风险。首先，相对于可控因素较多的第二产业和第三产业，农业易受频发的自然灾害影响。当作为不可控因素的自然灾害来临时，可能给农业生产带来不可估量的损失。其次，市场具有自发性和信息的滞后性，农民的综合素质也有待提高。当市场价格出现变化时，农民容易盲目跟风，不能及时地对出现的状况进行处理，而会快速非理性地扩大生产规模，导致市场出现严重的供需不平衡现象，进而造成巨额亏损，金融机构无法按时收回资金。再次，规模化生产在带来高额利润的同时也加大了风险。错误的决策带来的损失无法估量。最后，由于一些地方政府对

当地的具体情况没有很熟悉，制定的政策不一定符合产业的发展趋势，不仅对短期内的经济发展有影响，从长期来看，也会严重削弱产业的竞争力，尤其是本来就没有优势的农业。政府官员的交替也会引发农业新一轮的调整。而金融机构支持农业结构调整的代价较高，所以，金融机构不愿过多地参与到农村产业结构调整中也合情合理。

三、使农地金融发挥对农业转型的作用的对策

随着经济的发展，我国的农业水平也相应提高，农民的收入增长，智慧农业等现代农业也相继出现。但我国幅员辽阔，不同地区的农村根据自身地理条件发展具有特色的农业，致使各地方的农业存在很大的差异，也会表现出不同的特征。所以，各地方只能大体把握农业发展的思路。基于此，各地方应因地制宜，发挥地方特色，扬长避短，进而促进整个农业体系的升级。

农业转型不是简单地提高非农产业所占的比重，而是向第三产业转变的同时要保留农业作为基础产业的根基，在求稳的同时还要求新。具体来说，首先，要在农业生产中应用已经存在的农业科技，提升农产品的效益。其次，要融合第三产业的服务，引导非农产业向低能耗、低污染、高效率的生产方向转变。相关研究发现，农地金融在当前阶段并未发挥出应有的作用，特别是在农业调整的过程中。因此，笔者在总结原因、经验和教训的基础上提出以下对策。

（一）政府创建适应农业转型的外部支持环境

如今，随着我国农村产业体系法制化的进一步发展，关于农村产业转型的法律法规建设也必须尽快提到日程上来。对于农业生态转型的主体、范围、对象、方式、标准等，政府必须用法律的形式确立下来，从而使农业生态转型机制能够得到法律的保障。对此，关于农村产业转型的法律法规建设需要具有可操作性。但目前我国尚缺乏与此相关的法律法规。在这样的大背景下，有针对性的立法专项举措是该工作的重中之重。政府必须对专项主体的相应职责及转型的标准和方式进行法律上的界定，对于已经相对完善的法律政策应使其具有真正的法律地位。相关部门也应加大执法力度。法律上的完善，不仅是指规范农村产业转型过程，也是指约束政府相关部门，使整个农村产业转型过程在法律的保障下顺利推进。

一方面，政府应加强引导，创造良好的政策环境。农地金融在深度和广度上对农业转型的大力支持需要国家强有力的政策支撑，将流动的资金引向需要

的农业。虽然我国的农地金融制度还不完善，但是美国、日本等发达国家已经有成功的案例。我国的一些示范区也借鉴了其经验，并将经验总结为以下几点。其一，信贷机构与政府应共同合作向农村产业提供低息贷款。其二，政府应为农村提供贷款的保险公司、信贷机构以及其他中介服务机构实行补贴政策，制定相应优惠政策，以作为长期合作与资金流入的保障。当然，在借鉴国外相应经验的同时，政策制定应因地制宜，根据当地的具体情况最大效用地发挥政策优势。其三，要着重增强金融政策的权威性，对于不同的对象实施不同的策略，以提高竞争力。对于特殊情况要特殊对待，例如：对重点扶持的农业项目给予优惠；对于那些已经没有市场价值的项目则不予以信贷支持或利率优惠。

　　另一方面，应完善社会信用体系。在市场环境中，信用是经济运营的重要因素，好的社会信用可为农村产业发展保驾护航。而在农村，社会信用意识相对淡薄。这将成为金融部门放贷的一大阻力，势必阻碍农地金融的发展。所以在多方协调配合的基础上大力建设农村信用体系，为传统农业转向现代农业做好准备工作至关重要。第一，改变农民固有的思想观念。这不仅仅是个人的责任，更与社会和政府息息相关。只有这样才能使信用的价值体现出来。第二，各地官员应想方设法建立相应的数据库，完善信用评价机制。第三，实施公开部分信息的举措，公开工商部门、公安部门及金融机构部分信息、实现资源共享，建立相应的奖惩机制。

（二）拓宽农业转型的农地金融资金渠道

　　政府应推动农村资本市场建设，拓宽农业转型的资金来源渠道，丰富资金来源。如今，我国农村产业的发展直接融资来源相当有限，相对于整个资本市场而言，农村资本市场还处于不成熟的阶段。因此，直接融资还远远满足不了农业转型的资金需求。政府还需要进一步提高对于农村资本市场的重视程度。首先，政府应完善金融立法机制，改善资本市场的运营环境，建立较健全的农村资本市场制度，完善资本市场的运行机制。政府可适度放宽对于优质企业入市的条件。提高农业的融资能力的途径有很多种，而增加农村企业入市的数量就是其中的一种。其次，需要宏观地对整个农村资本市场进行监管。这样可有力提高金融市场的运行效率，降低金融风险，使监管和交易有效，为农村资本市场的长期健康发展提供保障。最后，改善投资环境，提高农村的对外开放水平。努力引导有能力的个人和相关企业进入农村资本市场。要因地制宜，切实提高农村相关企业的综合实力，就要对农村市场的体系进行完善，同时增强整个农村市场的活力。良好的投资环境会吸引和带动居民和企业对农业相关部门的资金投入，增强农村资本市场的活力和扩大影响力，也能够对农村产业结构的调整和升级起到促进作用。

（三）提升农业转型的农地金融机构服务功能

金融机构应该选择合适的方法和手段，将有限的资金投入高效可扶持的特色产业中。为了实现高效率金融投资的目标，应选择适当的投资对象，切不可把金融投资当成简单的贷款任务，否则，不仅会损害整个金融系统，也会破坏农村产业结构的优化调整，因此，金融机构应当审慎地选择金融投资对象。在选择的过程中需要注意以下几点。①在与国家相关政策、原则一致的基础上，结合实际情况，建立一个完整的体系，使市场需求、农业资源开发、农民收入、现代农业的发展等形成一条良性循环的产业链。②要从实际情况出发，选择具有潜质的强势产业，对这些产业进行审核和投资。这样可以使农业企业更好地培育品牌特色，逐步打造当地农村产业的区域特色，增强市场吸引力。③要对相关企业进行深入有效调查，建立科学的评估机构以对企业项目前景和潜力进行评估。对具有发展前景和潜力的企业加大资金投入的力度，支持其发展壮大，提高市场竞争力。该举措可进一步提升金融机构支持农村产业发展的效益。

金融机构也要发挥智囊的作用，为农业结构的升级做好对接工作。金融机构作为农村资本的主要供给部门，可引导产业或部门进行及时有效的生产调整。农村金融机构要适应不同的情况，根据不同的产业制定相应的策略，有针对性地为农业结构调整提供全方位的信息服务，为农村产业结构调整引航。金融机构要发挥核心的作用，一方面，要加强和政府组织的合作，因为很多政策通过政府的推行会更快速地被人们所接受。相关金融机构应及时关注农村产业结构调整的动态，引导相关产业部门加大对受到政策支持的产业的投资力度，发挥长处，提高竞争力。另一方面，在实践方面，金融机构应切实做好对农村产业结构调整的调查研究，在实践中和调研中了解农村相关产业的需求，总结产业经营的成败经验，并及时将信息反馈给政策制定者，将资金有效地转移到更高效的产业中去。通过这项措施，金融机构会改变其被动投放信贷的状态，更为有效地参与到金融资本的投入中。这对现代农业的实现也具有重要的推动作用。

（四）完善农村社会保障体系

政府可以参考城市相关保障体系来建立农村社会保障体系。首先，应完善最低生活保障制度。在确定了贫困对象和保障机制的基础上，对于至少符合三条（无劳动力、严重残疾、患有重大疾病）中的一条的保障对象，要保障他们的收入至少可以维持基本的生活需要，同时，要做好信息的更新。其次，完善农村医疗制度。农民对于农村社会保障体系最关心的问题就是农村医疗。目前实行的新农村合作医疗虽然对缓解农民就医问题起到了一定的作用，但报销比例过低、限制条件过多等情况仍然存在。再次，完善养老保障制度。农民过度依赖土地的其中一个原因就是农村缺乏完善的养老机制。农村养老保险与城市养老保险水平差别较大。政府需要借助社会和家庭的力量将二者衔接起来。完善农村社会保障体系的重中之重就是要保证农民养老保险的连续性和稳定性。只有解决了农民群体养老问题，农村劳动力才能成功转移，农村人均占有面积才会增加，农地金融才能更好地发展。最后，要建立专门的农村养老保险金管理部门，实现城乡养老保险的对接，为城乡一体化奠定基础。

（五）提高农民综合素质

农业实现转型方法的多元化，离不开农民素质的提高。只有使转型方式和组合方式多样化，才有可能在面对不同的转型环境主体和对象时，增强农业转型发展的稳定性。这样，既能够保证经济发展的动态平衡，又能够保持农业发展的高水平。就目前的情况来说，我国农村大部分农民的文化水平程度不高，对于现阶段这部分的转型资金，不能够合理有效地加以利用，容易造成资金的浪费。因此，对经济转型来说，智力技术转型是在实际运行过程中有效的填补方式之一。实现直接的经济转型可能更符合广大农民增收的意愿。但是就当前农村经济发展的情况来看，还不能够实现直接的经济转型。对于智力转型的投资，能在相当程度上为转型地区及时提供高素质的劳动力，大幅度提升转型的成功率。

农民素质的提高有利于相关制度的完善，也更有利于保障农民自身利益。虽然这个过程会相对缓慢，但教育素质的提高、有益文化氛围的营造、相关专业知识的提升等可以加速这一过程。在教育方面，当前我国农村大多数农民的学历水平都在初中及以下，劳动力素质整体偏低。要改变现状，就必须保证农村里的适龄儿童和少年完成九年义务教育，也要对于教师队伍的素质严格把关，在提高农村基础教育质量的同时，也要同步发展职业教育。通过相关的职业培训提高农民的综合素质，完成提升就业率的目标，加快城市化发展的步伐。文化的作用具有双重性，良好的文化环境可以有效提升农民的综合素质塑造符合新时代发展的"新农民"形象，为农村经济和农地金融的发展和深化提供强有力的文化支撑。此外，还要加强农民的法制观念，使其成为知法懂法守法的新型农民。

第二节 农民专业合作社

一、农民专业合作社的概念

（一）合作社

农民专业合作社是众多合作社类别中的一部分。要界定农民专业合作社，必须从合作社的概念谈起。合作社作为一种理念和一种思潮的兴起，是从 1844 年的"罗虚代尔公平先锋社"发展起来的。如今，合作社在欧洲、美国、日本、印度等许多国家获得巨大发展。目前，关于合作社的概念的观点很多，综合起来看，有以下几种观点。

美国是世界上出现合作社最早的国家之一。美国农业部农村商业与合作社发展中心将合作社定义为，"合作社是一种用户所有、用户控制和用户受益的公司型企业"。美国威斯康星大学合作社研究中心则认为，"合作社是一个建立在非营利或成本基础上，由入股的会员自主拥有、控制和运营的事业，它是由使用者拥有的"。我国台湾地区则将合作社定义为，合作社是依平等原则，在互助的基础上，以共同经营方法谋求社员经济利益和生活改善，而其社员人数及股金总额均可变动的团体。国际合作社联盟对合作社的定义以及组成原则也专门进行了讨论。在 2002 年 6 月召开的第 90 届国际劳工大会上，会议通过了《合作社促进建议书》，从而确定了国际社会关于合作社的定义、价值观和原则。国际合作社联盟认为："合作社是自愿联合起来的人们，通过联合所有与民主控制的企业来满足他们共同的经济、社会、文化的需求与抱负的自治联合体。他们按企业资本公平出资，公正地分担风险、分享利益，并主动参与企业民主管理。"

虽然，上述不同组织和地区对合作社的定义的表述各有不同，但是关于合作社的性质和主要特征的表述基本上一致。可以看出，合作社的基本特征主要有以下几个。第一，合作社既是不同的人群资源结成的群众性的社会团体组织也是具有法人地位的企业组织，合作社是企业组织的一种。这一点使其区别于其他各类协会。第二，合作社与一般的商业性的企业组织不同，合作社是一个非营利的组织，并且是由所有合作社成员共同拥有和管理的。第三，合作社是在平等的基础上实行民主管理的，其在使用的基础上获得利益并且对利益进行公平的分配。合作社和其他商业组织的区别如表 3-1 所示。

表 3-1　合作社和其他商业组织的区别

	合作社	投资者所有企业
目标	使用者收益最大化	股东收益最大化
分配	按照惠顾比例分配收益	按照股权分配收益
控制	民主控制，一人一票，与出资额和惠顾额无关	基于股权分配控制权，一股一票
股权	由使用者出资，通常与惠顾额成比例，非社员可拥有优先股但没有投票权，股权收益率有上限	由追求投资回报的投资者出资，按股权分配投票权，红利分配没有上限
所有权转让	股权不能转让与增值	股资是稳定的，但股权可以转让（在股市出售和协商转让）
社员资格限制	仅限于合作社的生产者	无限制，向全社会开放
所有者和顾客的关系	社员同时是主要的顾客	股东与顾客不同
是否是营利组织	对外营利，对内不营利	追求利润最大化

（二）农民专业合作社

国外一般没有农民专业合作社的称谓。"农民专业合作社"是我国一个特有的称谓。我国之所以将农业合作社称为"农民专业合作社"，一是为了强调这样一个现实情况：目前我国的农业合作社多是由生产同样或相关农产品的农民按照产品差别组织起来的，其他类型的、符合合作社性质的农业合作社还比较少见；二是为了避免与国内冠名"合作社"的众多其他组织相混淆。

世界上不同的国家对农民专业合作社的定义不同。法国是世界上农民专业合作社出现最早的国家，其将农民专业合作社定义为，"农民专业合作社是一种经济组织，其社员集体拥有资产，参与民主管理，不是按他们参与资本的大小而是按使用的服务量和业务活动的数量分配盈余"。荷兰则将农民专业合作社定义为，"长期从事经营活动的农民组织，共同核算，共同承担风险，同时保持农业活动的独立性以及使有关的经济活动尽可能多地获得利润"。

按照组织体系的划分，我国的农民专业合作社也是农业合作社的一种，它是在以家庭联产承包责任制为基础、统分结合的双层经营体制上形成发展起来的，是适应我国社会主义市场经济条件下农业产业化发展需要的一种农业生产经营组织形式。2006年10月31日，第十届全国人大常委会第二十四次次会议审议通过了《中华人民共和国农民专业合作社法》，该法明确了农民专业合作社的含义。该法第二条指出："农民专业合作社是在农村家庭承包经营基础上，同类农产品的生产经营者或者同类农业生产经营服务的提供者、利用者，自愿联合、民主管理的互助性经济组织。农民专业合作社以其成员为主要服务对象，提供农业生产资料的购买，农产品的销售、加工、运输、贮藏以及与农业生产经营有关的技术、信息等服务"。本书认为这是国内对农民专业合作社做出的比较规范的定义，所以本书采用了这一定义。

（三）我国农民专业合作社的发展历程

改革开放后，随着我国农村家庭联产承包责任制的实行以及政社逐渐分离，农户逐渐成为市场的主体。小规模的农户在面临大的市场风险时，迫切需要共同组织起来，联合抵制市场风险，发展农民专业合作社成了一个重要的选择。因此，改革开放后，我国的农民专业合作社获得了极大发展，具体说来，1978年改革开放后，我国的农民专业合作社的发展历程可以分为以下四个阶段。

第一阶段：萌芽阶段（1978—1993 年）

20 世纪 70 年代末期至 90 年代初期，是我国农民专业合作经济组织的萌芽阶段。20 世纪 70 年代末期，我国农村一些地区开始推行家庭联产承包责任制。农民获得了经营自主权，在其独立发展的生产过程中迫切需要农业科学技术。为了适应这种需求，第一批专业合作经济组织应运而生。这一时期的农民专业合作经济组织多为农民自己组织起来的技术服务组织。农民专业合作经济组织的任务主要为推广农业生产技术。农民专业技术协会和农村合作基金会是这一时期农民专业合作组织的主要表现形式。其中，农民专业技术协会的主要功能是开展农业新技术及新品种的推广、传授活动；而农村合作基金会的主要功能是盘活原人民公社时期的社队集体资金，开展农村资金融通活动。1980—1985 年，农民专业合作组织基本上处于摸索状态，数量少、规模小，多数没有章程，稳定性差，规范化程度低，各级领导都没有对其加以重视和支持。到 20 世纪 90 年代初，随着农业市场化程度的提高，以及在国家有关部门的政策支持下，农民专业合作组织数量越来越多。相关统计资料显示，1990 年，全国各类专业合作组织达 123.1 万个。其中，专业技术协会 7.7 万个，约占 6.3%；生产经营型专业合作组织 74 万个，约占 60%；服务型专业合作组织 41.4 万个，约占 33.6%。而到了 1993 年底，全国有各类农民专业协会增加到 143 万个，其中以生产经营为主的有 80 多万个，约占 57%；以技术普及服务为主的有 13 万个，约占 7%；进行产前、产中、产后一系列服务的有 50 万个，约占 36%。

第二阶段：起步阶段（1994—1999 年）

20 世纪 90 年代初期至 90 年代末期，为农民专业合作经济组织发展的起步阶段。在这一时期，随着农村经济体制改革不断深入，农产品销售难的问题日益突出，小农户和大市场之间的连接越来越重要，农民对合作的要求日益提高。农民对农产品的生产以及产前、产后服务有了更多的需求。因此，在这一时期，大量的以从事农产品销售为主的合作经济组织出现，而且很多专业协会也把经营重点转向共同销售农产品方面。合作经济组织的主要领导者不仅仅是能人或专业大户，各类农村经济组织、涉农部门和一些农业龙头企业也纷纷牵头兴办合作经济组织。同时，合作经济组织的组织形式日趋紧密，大多专业合作经济组织都有章程，社员间的权利、义务进一步得以明确。专业合作社开始迅速发展，其服务内容丰富，既有技术合作，又有供销、资金信息等合作。据统计，到 1999 年底，全国农村的专业合作组织已经发展到 150 万个，其中河北和山东发展最快，占全国专业合作社的 1/3 以上；合作社的发展已经初步形成规模，其中运行规范的合作社约有 14 万个，带动相关农户 4000 多万。

尽管在这一时期，我国的农民专业合作组织发展势头良好，但也存在着许多问题，如组织规模较小、官办色彩浓厚、制度安排缺失、开展业务的局限性大等问题。

第三阶段：深化和加速发展阶段（2000 — 2007 年 6 月）

2000 — 2003 年，由于农民合作经济组织的重要作用已被人们所认识，许多省区市相继出台了优惠政策，扶持其健康发展，使得农民合作经济组织的数量不断增加。农民合作经济组织进入深化发展阶段。但是在这一时期，农民合作经济组织在经营内容、政策优惠等方面遇到的问题也不断地显现出来，人们对出台专门法律，规范农民合作经济组织发展的呼声也日益高涨。

2003 年 3 月 1 日，我国开始实施修订后的《中华人民共和国农业法》，标志着农民专业合作组织进入加速发展阶段。修订后的《中华人民共和国农业法》规定农民专业合作组织为农业生产经营组织，强调"农民专业合作组织应当坚持为社员服务的宗旨，按照加入自愿、退出自由、民主管理、盈余返还的原则，依法在其章程规定的范围内开展农业生产经营和服务活动"。农业法的颁布进一步确定了农民专业合作组织的地位，表明国家对其的扶持力度不断加大。据统计，2003—2007 年，我国中央财政累计安排专项资金 5.15 亿元，对 2700 多个农民专业合作组织给予了扶持补助。

第四阶段：规范发展阶段（自 2007 年 7 月至今）

2006 年 10 月 31 日，我国颁布《中华人民共和国农民专业合作社法》，并于 2007 年 7 月 1 日起施行。这是我国农民专业合作组织发展中具有里程碑意义的大事，标志着农民专业合作社有了法律的保障。农民专业合作组织也因此有了明确的法律规范，从此将进入一个依法规范、快速、健康发展的新阶段。

当时我国颁布的《中华人民共和国农民专业合作社法》规定：农民专业合作社是在家庭承包经营基础上，同类农产品的生产经营者或者同类农业生产经营服务的提供者、利用者，自愿联合、民主管理的互助性经济组织；农民专业合作社以其社员为主要服务对象，提供农业生产资料的购买，农产品的销售、加工、运输、贮藏以及与农业生产经营有关的技术、信息等服务。《中华人民共和国农民专业合作社法》的施行，为提高农业生产和农民进入市场的组织化程度，推动农业生产的集约化进程，建立农民稳定增收的长效机制，为维护农民物质利益和民主权利提供了法律制度保障。

自从我国实施《中华人民共和国农民专业合作社法》以来，我国农民专业合作社呈现了迅速发展的良好势头。截至 2008 年 9 月底，全国依法新登记并领取法人营业执照的农民专业合作社达到 7.96 万户，实有社员数 108.15 万个，其中农民社员 104.09 万个，占社员总数的 96.24%。从业务范围看，有 3.23 万户的经营范围中包含种植业，占实有总户数的 27.63%；2.59 万户的经营范围中包含养殖业，占实有总户数的 22.15%。农民专业合作社在推动农业产业化经营和农业结构调整，稳定增加农民收入等方面，发挥了积极作用。

二、农民专业合作社影响农业产业转型的理论分析

我国农业发展的核心难题不在于技术方面，也不在于市场方面，而在于影响科技应用和市场竞争的农场规模。我国农业发展的瓶颈约束是缺乏能扩大农场规模的农业微观组织制度创新。因此，为了使农业成为一种可以把农业生产者收入水平维持在社会正常生活底线之上的产业，通过创新农业微观组织制度来扩大农场规模就成为我国持续发展农业的必由之路。而农民专业合作社就是我国现行的这样一种农业微观组织。

（一）农民专业合作社的基本功能

要分析农民专业合作社对农业转型产生的影响，首先需要了解的是我国现阶段，农民专业合作社的基本功能有哪些。通过分析学术界内的相关研究可以发现，农民专业合作社的基本职能主要有以下几个。

①服务功能。农民专业合作社通过将市场和农民连接起来，把市场需要什么告诉农民，为农民与市场、农民与龙头企业等之间建立起纽带，使农民有通畅的销路，商家有稳定的货源，为商家和农民架起一座双赢的金桥。为农民提供农业生产管理、生产资料供应、技术信息咨询和农产品销售等产前、产中、

产后的综合服务，提高为农服务的质量和水平，使入社成员能够以低廉的价格购置所需要的生产资料和生活资料，同时又可以以较高的价格售出自己的产品，为农民提供技术和信息，有效地解决农户在生产经营中碰到的困难。服务功能是农民专业合作社成立的前提和基础。

②中介功能。农民专业合作社在农户与政府部门之间、各个企业与农户之间发挥出良好的桥梁中介作用，通过做到上情下达、下情上达，协助政府贯彻和落实农业与农村政策，同时也把农民的意愿反馈给政府，为政府施政提供第一手材料。从而实现了政府部门与农户、企业公司与农户的合作共赢。

③组织功能。农民专业合作社根据国家产业规划、市场需求信息和农民自身愿望，把分散的单个农户组织起来进行专业合作生产，以充分保障国家粮食安全和有序参与市场竞争。另外，在有条件的地区，农民专业合作社甚至还直接组织农业劳动力有序流动到第二、三产业，推动农业产业结构的优化升级。

④教育功能。农业结构的调整、科技的转化、技术的普及、生产经营与管理水准的提高，都离不开社员素质的提高。党的十七大报告也明确指出：探索集体经济有效实现形式，发展农民专业合作组织，支持农业产业化经营和龙头企业发展。培育有文化、懂技术、会经营的新型农民，发挥亿万农民建设新农村的主体作用。农民专业合作社在提高农民的素质方面起着主要的教育作用。

我国当前新发展起来的各种农民专业合作社都已具有了引进、消化、传播、推广农业实用技术和最新科技成果的功能，有的合作组织还与大专院校、科研机构挂钩，将农业最新科技成果迅速传递给农民，取得了良好的效果。

（二）农民专业合作社促进农业转型的机制分析

所谓的农业转型是指对传统农业进行改造，实现和发展现代农业的过程，即实现传统农业向现代农业的转型。而现代农业的核心是科学化，特征是商品化，方向是集约化，目标是产业化。与传统农业相比，现代农业具有突破了传统农业仅仅或主要从事初级农产品原料生产的局限性，实现了种养加、产供销、贸工农一体化生产，使得农工商的结合更加紧密。2007年，中央一号文件《中共中央国务院关于积极发展现代农业扎实推进社会主义新农村建设的若干意见》指出了以下几条发展现代农业的途径：要用现代物质条件装备农业，用现代科学技术改造农业，用现代产业体系提升农业，用现代经营形式推进农业，用现代发展理念引领农业，用培养新型农民发展农业。下面本节将结合现代农业的特征，从农民专业合作社的角度分析农民专业合作社对现代农业的作用机制。

1. 实现农业的规模化经营

农民专业合作社有利于实现农业的规模化经营，为农业转型奠定规模基础。农民专业合作社通过把土地集中起来，由懂技术、善管理的少数人经营，使土地集中连片，统一种植，统一管理。一方面实现了规模效益，另一方面把大部分劳动力从土地中解放出来，使他们安心离乡离土，务工经商，促进农村第二、三产业的发展。农民专业合作社通过专业化合作生产，统一品种、统一购买生产资料、统一种植养殖技术、统一加工、统一品牌、统一农产品销售，有效地扩大生产经营规模，降低生产和交易成本，增加产品数量，提高产品质量，提升农业生产效益，增加农民收入。

2. 提高农民的组织化程度和农业的市场化水平

农民专业合作社有利于提高农民的组织化程度和农业的市场化水平，从而推动农业的转型。农民专业合作社通过将农民组织起来，把市场需要什么告诉农民，为农民与市场、农民与龙头企业等之间建立起纽带，解决了千家万户小生产与千变万化的大市场间的矛盾，提高了农民进入市场的组织化程度，有效提升了农民组织化程度和农产品市场竞争力。同时，国家通过发展农民专业合作社，还可以加快培养农村经纪人、农产品运销专业户等各类流通业的中介组织，鼓励更多的工商企业以各种方式参与农村流通市场体系建设中，发挥现有的供销合作社、邮政物流系统的作用，对调控农产品进出口、调节市场供求、保护农民利益、维护国内农业生产和农产品市场稳定安全都有重大意义，从而为农业转型打下良好的基础。

3. 加强新技术的推广和使用

农民专业合作社有利于新技术的推广和使用，为农业转型提供技术基础。农民专业合作社以特有的民办性、合作性和专业性等优势，通过引进推广新技术、新品种、新设备，推行标准化生产，提高农民掌握和使用新技术的能力。

4. 提升农业的产业化经营水平

农民专业合作社提升了农业的产业化经营水平，促进农业转型。农民专业合作社通过组织实施标准化生产，统一农产品品牌经营，促进优势主导产业发展；通过与龙头企业对接，形成"龙头企业＋合作社＋农户"的组织形式和运行机制，促进企业与农民"双赢"；通过与科研机构、技术推广部门协作，促进农业科技成果转化，使农民素质得到提高，提升了农业产业化经营水平。同时，农民专业合作社通过为农民提供农业生产管理、生产资料供应、技术信息咨询和农产品销售等产前、产中、产后的综合服务，提高为农服务的质量和水平，使入社成员能够以低廉的价格购置所需要的生产资料和生活资料，同时又可以以较高的价格销售出自己的产品，为农民提供技术和信息，有效解决农户在生产经营中所遇到的困难。

5.培养新型农民

农民专业合作社为现代农业的发展培养了大量新型的农民。农民专业合作社是大力培育现代农民的新载体。农民专业合作社的一项重要职能就是对农民进行农业科技培训。它能既有效地提高农民的生产技能和综合素质，又能促进新成果的普及、推广和使用，为农民学习经营管理、市场营销、法律政策等提供载体，也能为继续留在农村的农民扩大经营规模创造条件。

三、发展农民专业合作社、推动农业产业转型的对策

（一）加强合作社的试点和典型示范工作

实践证明，通过试点、示范是指导和扶持农民专业合作社发展最有效的途径。现阶段，农民对农业专业合作社有一定的需求和愿望，因此，在强烈需求的基础上，进一步做好合作社的示范工作，认真总结合作社的成功经验和失败教训是现阶段推动农民专业合作社发展的关键。2009 年 7 月，农业部等 11 个部门共同下发了《关于开展农民专业合作社示范社建设行动的意见》。该文件指出：要使 60% 以上的农民专业合作社实现标准化生产、品牌化经营、规范化管理，通过示范的作用带动农村专业合作社的发展。我国对农民专业合作社的试点和示范工作的重点应该放在村一级上，总结各地农民专业合作社发展的新模式和新经验，健全和完善农民专业合作社的利益分配机制和积累机制，促进农民专业合作社的发展。

（二）加大合作社的培训力度，增强农民的合作意识

农民专业合作社的发展的主体是农民。只有农民从思想上真正认识到农民专业合作社的作用，才会愿意加入合作社，从而形成一个较为紧密的社会利益共同体，为农民专业合作社的发展营造良好的社会氛围。因此，加强对农民的培训，增强农民的合作意识对促进农民专业合作社的发展至关重要。可以考虑从以下几个方面来增强农民的合作意识。

第一，采取多种形式有重点、分步骤地大力宣传合作社，增强农民的合作意识。例如，可以采取利用广播、电视举办讲座，自办内部刊物，在报纸上办

专栏，印刷有关合作社的普及性的宣传手册，借助农业院校和社会其他机构的力量举办有关农民专业合作社的咨询宣传活动等多种形式来宣传当地农民专业合作社的成功典范和典型事例，有重点、分步骤地宣传新型农民专业合作经济组织的原则和价值，让农民从中了解到农民专业合作社的基本知识以及可能带来的效益，增强农民的合作意识，全面激发农民参与合作社的积极主动性。另外，也可以在近些年来各地不断发展的大学生村官计划的基础上，将农民专业合作社的相关知识列入拟聘大学生"村官"的培训科目中，明确大学生"村官"的重要岗位职责之一是宣传、推广、指导农民建立合作社。

第二，有计划、分重点地培养农村人群，为合作社的发展提供人力资本的支持。对农民合作意识的培养，可以先从农村中知识水平较高的人群开始做起，通过这些人群的示范作用，带动整个农村地区合作意识的提高。具体来讲，可以从以下几个方面分重点地培养农村人才。首先，通过举办各种短期培训班的方法，着重培养农村中各级地市县、乡镇中的农村基层组织干部，使他们成为农民专业合作社发展的带头人和引路人。其次，可以通过开办短期培训班的方法对农村中的党员、教育水平较高的人群进行重点培训。给这些人群普及有关合作社的实际操作模式和运行机制、农业现代化技术知识、企业管理和经营方面的内容，增强他们的合作意识，从而带动、引导农村其他村民加入农民专业合作社，促进农民专业合作社发展壮大。

（三）建立完善的农民专业合作社组织机制

现阶段，虽然我国的农民专业合作社取得了一定的发展，但是尚处于发展的初期阶段，合作社内部的管理机制、运作方式以及利益分配制度等还不够完善，需要进一步加以完善。

①各地区着力于建立和完善科学的民主决策和管理机制。农民专业合作社的发展离不开科学的民主决策和管理机制。科学的民主决策和管理机制是农民专业合作社运行的基本要求。因此，各地区要严格按照《中华人民共和国农民专业合作社法》的相关规定，建立、完善农民专业合作社的民主管理机制，严格按照农民合作社的章程办事，最大限度地保障合作组织成员的民主权益，促进农民专业合作社的快速发展。各地区可以采取现代企业制度来进行管理。具体而言，可以将合作社的所有者、管理者和经营者的权力分开，形成由社员大会、理事会和监事会三部分组成的内部治理结构。社员大会是指由全体入社成员参加的会议，是合作社的最高权力机构。社员大会实行一人一票制度，平时不直接参加合作社的日常经营管理活动，而是通过投票来间接控制农民专业合

作社。理事会是农民专业合作社的常设权力机构。其成员是由全体社员选举产生的。理事会的主要工作是接受全体社员的委托，代表全体社员的利益，贯彻和执行社员大会所提出的方针和任务，负责农民专业合作社的各种对外交往活动。监事会是对理事会的日常工作进行监督的内部监督机构。其成员也是由社员选举产生的。其工作职责主要是对理事会的任务执行、对外交往等情况进行专门的监督、检查，保证农民专业合作经济组织的正常运营和健康发展。

②各地区要着力于建立公平合理的利益分配机制。合理公平的利益分配机制是合作社存在和发展的基础和关键。没有合理的利益机制的保障，合作社也很难发展壮大。农民专业合作社要采取和入社农户通过订单收购、股份经营、劳资合作、二次返利、品牌连接等方式，注意按交易额进行利润分配，防止过分突出按股分配的倾向，建立健全稳定的购销关系和利益分配机制，使入社农户与农民专业合作社形成一个紧密型的经济利益共同体。在这个方面，常州市立华家禽有限责任公司生产合作社的案例值得借鉴。该公司与农户的利益分配机制主要有三个层次。农民的收益主要可分为三个部分。第一个部分是正常销售肉鸡所能获得的利润。这是农户收益的主要组成部分。在这个层次的利益分配上，立华公司和农户通过签订养殖合同的方式实行合同价格保护制度，确保农户的收入。第二个部分是股份分红。该公司规定，农户只要加入公司合作社一年以上，而且足额缴纳了养鸡保证金后，就可以购买合作社的股份。第三个部分是在二次分配中所获得的利润。在每个财务年度，该公司会根据当年的市场行情拿出一部分收益，以二次分配的形式回馈给农户。该公司的这种合理的利益分配机制是维持其产业经营顺利运行的关键所在。

③给地区要着力于建立和完善现有农民专业合作社的动力机制和市场竞争机制。农民专业合作社是农民自己的组织。这决定了农民专业合作社对外是以利益最大化为目标的，但对内不能以盈利为主要目的。农民专业合作社必须要通过参与市场竞争的方式来实现组织集体的利益最大化，为社员提供更有效的服务，维护社员的合法利益。同时，在建立和完善外部市场竞争机制的同时，也要进一步加快农民专业合作社的法制建设，规范运作机制，完善农民专业合作社的自律机制，实现自我管理、自我约束、依法运行。此外，还应制定和完善相应的管理制度，建立起一套自律机制，优化人员结构，引进高素质人才，从多方面提高工作水平和服务质量。

（四）因地制宜地采取多种合作模式

国内外的相关研究表明，合作社的组织形式和经营绩效会受到不同经济发展水平的影响。我国区域发展极为不平衡，形成了经济实力存在明显差异的三大区域：发达地区，不发达地区以及处于中间的地区。因此在这种区域经济发展不平衡的基础上，各地区必须因地制宜地，围绕各个区域的优势特色产业，探索不同的农民合作社发展的模式。

由于发达地区农村的第二、三产业比较发达，农民的教育水平和组织化程度较高，所以，发达地区可以采取"龙头企业 + 合作社 + 农户"的合作组织模式。在这种模式中，农户通过合作社提高自己与龙头企业谈判的地位和能力，龙头企业则通过合作社来规范和约束农户的行为，降低交易成本，获得更加稳定的原料来源，从而实现农民致富和企业发展的双赢的目的。

不发达地区的经济发展水平较为落后，农业资源相对丰富。农民专业合作社在建立的时候要突出考虑分散的小农户生产的大宗农产品长距离运输和销售问题，以便减少运输过程中的损耗。所以这一地区宜采用"合作社 + 企业 + 农户"的合作组织模式。在这一模式中，合作社通过兴办自己的企业与农户成为真正的利益共同体，并且可以直接从事农产品的加工、销售、贮藏、运输等活动，以带动农民增收。

另外，一些地区还可以联合不同类型和不同地区的农民专业合作社，通过联合的策略，扩大合作社的规模。例如，那些存在多种农民专业合作社的地区可以把不同类型的专业合作社联合起来，成立横向的专业合作联合组织。而那些性质相同的合作社则可以打破地区的限制，在联合基础上成立各类产品专业合作联合组织，使服务向纵深发展，不断提高产品的技术含量和增值能力。

（五）创新农民专业合作社的组织模式

农民专业合作社的组织模式对农民专业合作社的发展具有重要的作用。从目前的情况来看，我国现有的农民专业合作社的基本组织模式有以下几种。第一种是专业大户或农村能人带动的模式。这类农村合作社通常是由村里的生产大户或技术能手等骨干自发成立的，主要集中在一些商品性较强的经济作物领域，如水果、蔬菜、水产养殖等领域。专业大户或农村能人带动的模式可以达到将当地从事同一作物生产的农户组织和联系起来，共同抵御市场风险的作用。第二种是龙头企业带动型。这种模式是由一些实力较强的农产品加工流通企业主动引导当地的农户而组建成的，形成"龙头企业 + 合作社 + 农户"的具体运作形式。其主要特点是龙头企业占领市场，负责农产品的营销，农户则负责生产，依托龙头企业的市场优势，组合强势生产、收购、加工、运输和销售等各个环节，形成紧密的产加销一条龙、农工贸一体化的生产经营体系。合作社在其中主要发挥连接和服务的功能。第三种是政府部门扶持型。这种类型的合作社是指政府有关部门结合自身职能，发起创建的以"部门＋协会＋农业大户＋基地＋农户"为合作模式的专业合作组织。其主要特点是，政府有关部门参加，可以在人才、设备、场地、管理等方面得到政府相关职能部门的扶持和帮助，有利于发挥技术优势。目前这类合作社主要分布在一些科技含量高的经济作物种植领域，如药材、特色水果、特种养殖等。现有的这些组织模式都对合作社的发展起到了很重要的推动作用，但是发展仍不规范，仍然有待完善。

学者李永山提出的农民专业合作社发展的一种新的组织模式——"合作社＋期货市场"的组织模式，值得借鉴。李永山的相关研究表明：目前在黑龙江省，约有1200多个农户、近5000公顷土地尝试了"先卖后种"的"合作社＋期货市场"的组织模式，增收效果十分显著。因此，他建议在发展合作社时，可以考虑创新合作社的组织模式，采取"合作社＋期货市场"的组织模式。具体而言，"合作社＋期货市场"的组织模式是指农民利用期货价格的信息，根据市场的需求调整种植的结构，合理安排生产，并进一步通过参与期货套期保值而规避价格下跌的风险，以保证获得稳定的收益。通过合作社，农民可以直接或间接地利用期货市场，采取先卖后种的操作模式，一方面可以通过期货市场为现货市场套期保值，另一方面也可以把期货市场作为远期市场。同时在这种模式下，还可以利用期货公司大量的人力资本优势，对农户和农村经纪人、农民合作社成员进行培训，给农户讲授市场知识，组织农户到期货市场参观，使农户掌握期货市场的运行机制和基本知识，促进农户更好地利用期货市场。

（六）建立和完善农民专业合作社的联合机制

农民专业合作社的发展为降低交易成本、实现规模经济、改善市场地位、提高农产品市场竞争力提供了良好的条件。与分散的小农独自进入市场相比，农民专业合作社无疑有着明显的优越性；但是，随着外部市场竞争的不断加剧，与其他市场主体如大公司相比，农民专业合作社的竞争力仍然较弱。建立农民专业合作社联合社是农业未来发展的趋势。农民专业合作社联合社不仅可以通过横向一体化实现规模经济、范围经济，并最大限度地降低合作社的交易成本、提高议价能力，改善为社员提供的服务，解决合作社依靠自身力量无法解决的问题，而且可以促进纵向一体化经营，向农产品深加工领域延伸，扩大合作社的业务范围，巩固和强化合作社的市场地位。

目前，我国的农民专业合作社的联合一般有两种形式。一种是若干家（至少两家）从事同类农产品生产经营或行业相关联的农民专业合作社因生产、经营、服务等活动需要而共同出资自愿组建的紧密型、实体型联合组织，是经营型的组织。登记管理机关为当地工商部门。这种形式的联合的实质就是不同类型的农民专业合作社之间的业务合作。另一种是若干家（至少两家）农民专业合作社，或农民专业合作社与农业龙头企业、技术服务机构为加强协作、共图发展，经业务主管单位批准而自愿联合组成的非营利性社会团体组织，如联合社、联合会、协会等，为加入的专业合作社提供信息、技术、协调、咨询等服务，是社团型的组织。登记管理机关为当地民政部门。第二种形式的联合目前在我国一些地区也开始得以实行。如浙江省泰顺县的农友笋竹专业合作社、农合猕猴桃专业合作社、农兴豆类专业合作社和农丰蔬菜专业合作社等四家果蔬专业合作社自发地联合在一起，注册成立了泰顺司前专业合作社联合社。泰顺司前专业合作社联合社以这四家成员为服务对象，以县供销社和当地农业龙头企业为依托，向各成员社提供有关的经济、技术信息；统一组织供应生产资料；统一对外签订农产品购销合同、实行规模经营；兴办成员社生产经营所需要的贸易、加工、运输、储藏等经济实体。同时，联合社还将负责和当地政府的联络工作。联合社的资金主要来源于各成员社交纳的股金和联合社开展经营活动的收入。联合社的成立解决了单个专业合作社销售渠道窄、信息来源少等问题，进一步整合了资源，提高了合作社的市场对接能力和竞争力。

（七）加大对农民专业合作社的金融支持

尽管我国的农民专业合作社取得了快速的发展，在降低农业生产成本、增加农户收入、提高农产品价格等方面起到了积极的作用。但是从目前农民专业合作社的实际情况来看，资金缺乏正成为严重制约我国农民专业合作社发挥作用和发展壮大的重要因素。有研究指出，当前我国各类农民专业合作社都普遍面临金融支持不足的瓶颈障碍。因此，为农民专业合作社提供金融支持显得尤为重要。我国政府也认识到为农民专业合作社提供金融支持的重要性和必要性。2009年，中央一号文件《中共中央国务院关于2009年促进农业稳定发展农民持续增收的若干意见》中就明确指出：要抓紧出台对涉农贷款定向实行税收减免和费用补贴、政策性金融对农业中长期信贷支持、农民专业合作社开展信用合作试点的具体办法，尽快制定金融支持合作社、有条件的合作社承担国家涉农项目的具体办法；同年，中国银监会和农业部也联合出台《关于做好农民专业合作社金融服务工作的意见》，要求各地农村合作金融机构要积极构建与农民专业合作社的互动合作机制，进一步加强和改进对农民专业合作社的金融服务，支持农民专业合作社加快发展，促进现代农业建设、农村经济发展和农民稳定增收。

　　根据国外发达国家对农民专业合作社的金融支持的成功做法，目前我国可以从以下几个方面为农民专业合作社提供金融支持。第一，建立适合农民专业合作社特点的信贷等级评定制度。制定适合农民专业合作社的信贷管理政策，合理确定信用评级标准。建立农民专业合作社融资的统计、分析和报告制度，为农民专业合作社信用评级做好必要的数据准备。这些数据既包括农民专业合作社经营管理的基础性数据如资产和负债总额、损益情况等，又包括融资的基础性数据如融资数量、抵押和担保、融资结构和类型、融资来源情况、贷款偿还情况等。第二，为农民专业合作社提供金融担保。有效担保是农民专业合作社获得充足金融支持的最关键因素，但在短时间内难以改变我国农业担保难的现状，需要政府以政策扶助等形式来协助农民专业合作社建立和完善贷款担保机制。具体而言，应该鼓励和支持地方政府组建农业信用担保机构，建立信贷担保基金，开展融资担保业务，在此基础上，倡导金融机构按一定的放大倍数向农民专业合作社授信，以解决其担保难、融资难问题。

第四章 国外农业产业转型的经验及其启示

第一节 美国农业产业转型的经验及其启示

经历了 19 世纪整整一个世纪的领土扩张，和 20 世纪的持续生产力增长，美国已经成为当今世界农业最发达的国家，是世界上唯一的人均粮食年产量超过 1 吨的国家，也是最大的粮食出口国。除其得天独厚的自然条件外，美国在农业转型过程中"以农立国"的政策基础、对农业科技的重视与应用、农业与工业综合一体化、农业支持与保护体系的完备等经验，都是值得我们学习和借鉴的。

一、美国农业产业转型的发展史

美国农业的发展从开国元勋们领导国家时就开始哺育了。乔治·华盛顿在 1796 年给国会的咨文中就提到，"毫无疑问，无论是对于个体的幸福还是国家的繁荣，农业都是头等重要的"。因此到 19 世纪末的时候，美国实际上已经奠定了与商品农业相关的许多制度基础和硬件设施基础。美国农业有两个迅速发展时期，一是 19 世纪晚期的机械动力的迅速推广时期；二是 20 世纪早期的化学肥料、杀虫剂、除草剂和杂交种子等农业科技的广泛应用时期。从 19 世纪晚期到 20 世纪早期，美国农业基本转型成功，农业生产力持续提高，农业家庭收入增长，城市消费者可以享受到较低和更稳定的食品价格。

在美国农业转型过程中，家庭农场变得越来越大。从面积和销售额的角度来看，农场家庭的不均衡性不断增强。尽管如此，从收入分配角度来说，农场家庭的不公平性却被削弱。从更广泛的消除贫穷、收入增加的角度来说，美国农业转型直到 20 世纪 90 年代才算真正成功。在这一时期，在宏观经济总体增长的背景下，非农业部门的发展给农村劳动力市场提供了工作机会，并提高了农场家庭的收入。

在美国农业转型的案例中，现代基础设施和工业的大规模投资主要是由外国资本支持的。此外，美国对公共交通与通信设施领域的投资极大地提高了市场获取农产品和服务的能力，也保证了农业的可持续发展。与其他经济体类似，美国的农业转型也可以利用非农业和外国的投资资本。美国的案例同样说明了，农村家庭收入的大范围提高需依赖于其从非农产业部门获得的收入，而不能仅仅依赖于农业生产力增长。

二、美国农业产业转型的主要成就与存在问题

（一）主要成就

1. 农业人口持续减少，农业生产力不断提高

在美国独立战争期间，农业人口占到总人口的 95%；但之后农业人口在总人口中所占的比例不断减小，到 2000 年，农业人口数只有大约 250 万人，以致农村人口不再被列作是一个单独的群体。然而，今天的美国却显然一个农业强国。这得益于其较大的人均农业土地占有面积和农业生产力。生产量名列世界前列的主要产品有大豆、谷物、家禽、猪牛肉、奶类等。美国农业总产值不断提高。1880—1940 年期间年均农业总产值增长率，大约是 1%，之后 1940—1980 年期间年均大约为 2.8%。

2. 农业同其他产业高度综合

非农业收入已经成为农民家庭收入的主要部分。据估计，45% 的农场经营者认为非农职业是他们的主要职业。因此，接近一半的农民只是季节性农民。合同农业同样变得越来越重要，到 20 世纪 90 年代，其产值大约占美国农业总产值的 32%。农业产销实现"从田间到餐桌"的一体化。

3. 非农业收入已经成为小农场家庭收入的主要部分

在 20 世纪 90 年代，有 150 万个小农场的年销售额低于 50000 美元。这些小农场的平均家庭收入是 38200 美元，而全体农场家庭的平均收入是 42500 美元；然而他们的平均农场净资产是 258000 美元，远高于非农业家庭的平均净资产。对于这些小农场（年销售额低于 50000 美元）来说，农业的净收益是负的，年均收益为 -1600 美元。事实上，80% 的农场是年销售额低于 100000 美元的小农场，他们 90% 的家庭收入来自非农业。

4.农场家庭收入不断增长

在 1910—1940 年的 30 年间，农场家庭真实净收入是下降的。但之后的 1940—2000 年，农场家庭的真实净收入约翻了 3 倍，从 7000 美元变为 19300 美元（以 1992 年的物价为基准）。这意味着 1940—2000 年，农场家庭的年收入增长率为 1.7%。

5.农场家庭的贫困率显著下降

1965 年，美国农场家庭贫困率约为 31%，非农场家庭贫困率约为 15%；然而到了 1991 年，农场家庭和非农场家庭贫困率分别约为 10.1% 和 11.5%。另一项统计调查显示，约 18% 的农场家庭位于贫困线以下。

6.农场家庭收入差距不断缩小

尽管小农场和大农场之间土地占有的不均衡性更突出了，但两者之间的收入差距在缩小。1950 年，约占农场家庭总数 20% 的小型农场家庭收入是所有农场家庭平均收入的 69%，而约占农场家庭总数的 5% 的大型农场家庭的收入是总体平均收入的 2.48 倍。到 1994 年，这两个比率分别变成了 90% 和 1.32 倍。这意味着，农场家庭收入的不公平性在降低。此外，1950—1990 年，随着农场家庭真实收入的中位数每年约增长 3.3%，农场与非农场家庭的收入比率也在降低。到 1990 年，农场与非农场家庭的平均收入是相等的。1950—1990 年，农场家庭收入的基尼系数不断下降，之后保持恒定。

7.食品真实价格不断下降，消费者不断获益

1950 年以前，零售食品的真实价格年均下降 0.4%，1900—1950 年 50 年间总计下降了 35%。真实农产品价格指数从 1900 年的 200 下降为 1990 年的 100。农产品价格的稳定性也显著增强。玉米价格的变异系数从 1920 年的 0.24 下降为 1980 年和 1990 年的 0.10。在这一时期，除了二战后的两年，食品零售价格变化率均未高于 5%。

因此，截至 20 世纪末，从可持续生产力提高、家庭收入增长、绝对贫困与相对贫困的比率显著下降的角度来说，占有美国总人口不足 2% 的美国农业已经成为经济的发动机。

（二）存在的问题

然而这样一个巨大的农业转型并非完全没有争议。事实上，美国农业在持续稳定发展的同时，也暴露出一些值得关注的问题。

1. 大量消耗能源，能源利用率低

美国现代化农业是典型的"能源集约农业"。美国不但大量消耗不能再生的能源，而且其对能源的利用率也很低。

2. 小农场与大农场的不均衡性日益增强

美国小农场（在 1994 年平均为 187 英亩／农场）和大农场（在 1994 年平均为 1834 英亩／农场）之间的不均衡性增强。农场规模越大，资本就越密集。1990 年，50% 的农场占据了 13% 的耕地，剩余的 50% 占据了 87% 的田地。截止到 1992 年，占农场总数的 10% 的大农场占有 76% 的耕地。

3. 农业水土流失加剧，环境恶化

为了提高农业产出，美国农场主早期不断开荒扩大农地面积，后期又增加对单位土地面积的投入。结果导致水土流失现象加剧，灾害发生的频率和损失明显增加。20 世纪 30 年代，美国中西部大平原发生的"黑沙暴"便是由对农业土地资源不合理利用造成的。

4. 农业食品安全问题日益突出

农业食品安全问题突出主要因为两点。一是农业生产在品种方面缺乏多样性，增加了生物病害风险。同时由于转基因农产品的大规模推广，造成潜在的健康危害。二是超级农业企业在农业生产中的垄断地位不断得到巩固和加强。这提高了生物病害和健康危害发生的可能性。

三、美国农业产业转型给我国带来的启示

作为世界最发达的农业，美国农业的发展思路和理念以及对于农业的支持和保护，无疑是值得我国学习和借鉴的。但由于在人口数量和土地资源等客观条件方面，我国无法与之匹配，因此，在学习美国农业转型的经验时，我国还是必须立足于本国国情，采取切实可行的农业转型政策。

（一）加强农业保护与支持力度，建立长期稳定的投入机制

美国农业生产力的不断提高，以及大多数小农场家庭收入水平的不断提高，都需要较强的财政支持。这里的支持不仅包括对农产品生产、加工、运输、销售等各个环节给予补贴，还包括对农业公共产品和服务给予补贴，以及建立完善的农业信贷支持制度。另外，在全世界范围内，从农业生产力的提高、农产品和农村劳动力的持续有效需求增长的角度来看，离开政府的长期保护和支持，就不能成功实现农业转型。

从我国自身情况来看，农业生产的基础薄弱。我国农民人均耕地面积与美国差距悬殊，仅有 1.38 亩，仅为世界平均水平的 40%，并且还有不断下降的趋势。农业生产力相对较低，农业后备土地资源稀缺。为了满足日益增长的人口粮食需求，保证粮食安全，就必须加强对农业的保护与支持。近年来，我国农业保护与支持政策不断完善，但与美国等成熟的市场经济国家相比，我国农业保护与支持力度还很弱，保护与支持机制还很不完善。我国必须尽快建立长期稳定的农业扶持机制，增加对农民的各种直接补贴，积极研究与改进补贴办法，使对农民的直接补贴尽量简洁高效。应加大对农田水利、公共交通、广播电视、环境保护和生态建设等方面的基础设施的建设和投入，改善农业生产和农村社会生活基础条件，促进农业的可持续发展。另外，要改变单纯依赖政府直接救济的做法，鼓励更多的私人企业加大对农业的投入力度，积极开展农业保险与灾害救助相结合的自然灾害补助试点工作。

（二）促进城乡一体化发展，吸纳数量不断增加的农产品和农村剩余劳动力

即使在的农业转型成功国家中，小农经济在财政上都不可能是自给自足的。当然，这里的"小农经济"是一个相对的概念。美国的"小农"可能在许多不发达国家是大农户。即便如此，美国农业转型也遵循着这样一条规律：农业与非农业市场不断融合。一方面，农业生产力持续提高，农村剩余劳动力不断增加，为工业化、城镇化提供充足的资金和人力支持；另一方面，农业经营的国际和国内环境必须有助于吸收不断释放的农村剩余劳动力和农产品。

相对于美国来说，我国是典型的小农经济，农业比较效益较低，农业剩余劳动人口较多。农业家庭为了获得较高的收入和较好的生活条件，必须依赖于城镇市场和非农业工作机会。因此，必须放开交通、户籍制度等因素的限制，确保城乡商品、人口的自由流动，使农产品能够更便利地进入城镇市场，使农村劳动力能够获得更多的非农工作机会，促进农村家庭收入增长。

（三）审慎推进农业规模化经营，确保农村收入分配公平

从农场家庭收入分配公平性的角度看，美国农业转型是成功的。在保持农场家庭收入不断增长，农场家庭贫困率不断下降的状况下，农场家庭之间以及农场家庭与非农业家庭的收入差距不断缩小。这保障了美国农村的繁荣发展与农村社会的稳定。能取得这样的成就，与美国丰富的农业土地资源是分不开的。户均近 200 英亩的土地保证了农业家庭可以实现规模化经营，取得相对于其他

国家较高的农业比较收益。同时，非农经济的发达也为农业家庭提供了较充足的收入来源。对于我国来说，人均1.38亩的耕地使得农业生产在很多地区只能是自给自足的，并且严重阻碍了农业规模化经营的推进过程。为了增加农业生产收益，就必须推进农业规模化经营。但我国农村人口为6.7亿（第六次全国人口普查数据），非农产业还无法完全吸纳数亿的农村剩余劳动人口。在很多地方，农业收入还是农民家庭唯一的收入来源，是农民的生存保障。因此，必须审慎稳妥地推进农业规模化经营，以保证农民收入安全、农村社会稳定。

（四）保护农业生产环境，发展可持续农业

从美国的经验中可以看出，不合理地利用农业土地，会导致诸如水土流失、环境污染等生态问题。这些生态问题反过来又会制约农业生产的发展。自新中国成立70多年来，我国农业生产环境退化也是追求现代化和工业化目标的过程中不可避免的外部成本。我国农业生产环境退化问题大体可分为两种：一种是由于滥垦滥挖、开垦陡坡地而造成的森林面积大幅萎缩、农业水土流失、农业土地贫瘠化；二是由于化肥、农药的使用而造成的农业面源污染。我国以牺牲环境为代价换取经济效益已造成严重的后果。笔者建议借鉴美国经验，根据我国国情，通过开展土地休耕轮作、水土保持、湿地保护、草地保育、野生生物栖息地保护等农业生态保护项目，利用法律、经济、现代技术等手段，调动农民保护环境的积极性，促进农业可持续发展。

第二节　日本农业产业转型的原因、特征及其启示

随着我国工业化发展的不断深入，城市吸引了越来越多的农业人口。农村富余劳动力大规模向城市转移，导致农业就业人口减少，就业结构主要以妇女、老人为主。城市化的深入发展使得部分耕地被占用，农业种植面积下降。尽管农产品产量逐年增加，但由于国内消费结构改变，人们对农产品的需求也在不断增长，部分农产品依赖进口，国家粮食安全面临威胁，因此，农业转型成为我国农业发展的必然趋势。中日两国农业发展有许多相似之处，同属小农经济，气候、土地、资源、人文环境类似。但日本农业的科技含量和综合发展水平远远高于中国，其独具特色的农业推广体制，促进了农业科研成果迅速向现实生产力转化。日本农业的成功转型也为我国农业转型提供了一条新的路径。

一、日本农业产业转型的原因

（一）农村人口外移导致劳动力不足和老龄化

第二次世界大战后，随着日本经济的快速复苏，使得其对劳动力的需求大增，而制造业部门的报酬明显高于农业。因此日本农业劳动力开始大规模向制造业转移。农业就业人口占总就业人口的比重急剧下降。1955 年，日本农业人口占总就业人口的比例超过 40%，1975 年下降到 13.9%，1985 年，进一步下降至 8.3%，到 1998 年仅为 5.2%。在农业就业人口数量减少的同时，年龄结构也偏向老龄化。1995—2004 年，日本农村男性劳动力中，30—59 岁人口占农村全部男性就业人口的比例从 27.73% 下降到 21.47%，60 岁以上人口占农村全部男性就业人口的比例则从 60.59% 上升到 70.58%；与此同时，60 岁以上女性劳动力占农村全部女性劳动力的比重从 55.65% 上升至 65.37%，女性农业人口的比例明显超过男性。农业劳动力的不足和年龄结构的失衡，使得日本农业失去了快速发展的动力。

（二）贸易自由化导致农产品进口增长

第二次世界大战后，日本实施贸易立国的政策，随着制造业的快速发展，日本制造业生产能力迅速提升。为了顺应战后世界经济的发展潮流，打开国际市场，日本开始实施贸易自由化的政策。在要求别国开放工业制成品市场的过程中，日本也不得不放开本国的农产品市场。虽然日本对本国农产品实行了许多保护性政策，但日本的农产品进口规模却越来越大。除了大米之外的其他农产品都存在大量进口，农产品进口依存度超过 60%。以 1998—1999 年日本农产品进口状况为例，1998 年，日本农产品（不包括林产品和水产品）进口额 348 亿美元，位居世界第三，仅次于美国和德国。1999 年，日本农产品进口额 358 亿美元，比 1998 年增长 1.6%。从进口来源地来看，自美国进口最多。1999 年，日本从美国进口农产品占日本进口农产品总额的 37.3%，其次为中国，占 10.7%，澳大利亚占 8.2%。在日本进口的农产品中，园艺产品（如蔬菜、水果、花卉等）占有相当大的比重，1999 年，日本蔬菜进口额 31.75 亿美元，水果进口额 26.62 亿美元，分别比 1998 年增长 6.9% 和 18.7%，增长速度很快。进口农产品比重的增大，意味着本国农产品面临更大的销售压力。这对日本农业发展提出了严峻的考验。

（三）农业经营规模偏小

第二次世界大战后，日本在美军占领时期实行了"耕者有其田"的土地政策。有关资料显示，1994年，日本人均耕地面积为 0.39 公顷，农户的经营规模和中国一样，都处于世界较低水平。尽管日本一直在不懈地推动农业规模化发展，但是效果并不理想，40多年来农业规模经营的进展非常缓慢。1960—2000年，尽管大批农业劳动力向城市和工业转移，但实现规模化经营的农户数量极少，农户总数并未大幅减少。2000年日本小规模农户占比高达60%，其耕地面积均不足1公顷。这还不包括完全自给自足、不出售农产品的农户。如果把这部分农户也计算在内的话，小规模农户的数量所占的比重还会更大。同时，3—5公顷的中等规模农户和5公顷以上的大规模农户数量增长缓慢，尽管都表现出增长的趋势，但2000年，中等规模农户和大规模农户的数量占农户总数的比重仅为4.3%和1.9%。由此可以看出，经过40多年的发展，日本农业仍然没有摆脱小农经济的格局。

二、日本农业产业转型的特征

（一）建立强大的农业经营组织体系

农业的国际竞争力不仅来自资源的比较优势，更主要的是来自农业经营组织的组织优势，来自农业经营主体对各种资源合理、有效的利用和分配。日本正是借助其强大的农业经营组织体系，才使其农业在资源利用、科技应用、市场开拓等方面具有巨大的优势，形成了在国际竞争中的有利地位。从发展趋势上看，日本的大型农业企业还在不断进行收购和合并，组建跨国公司，在产品品牌、商标、版权、专利、配方、包装等方面，已经具有很大的竞争优势。这些大型企业或跨国公司都拥有多种产品和多家工厂，在农业生产资料供应、农场生产、农业技术开发与服务等方面，形成了产业化的经营体系，面对不断变化的农产品市场，具有极强的创新能力。

（二）扩大农业生产规模

目前，日本农业的平均经营规模仅为2公顷，而规模化经营的目标是达到平原20—30公顷、山地10—20公顷的经营规模为主。尽管日本一直致力于推行扩大生产规模的政策，但是成效甚微。2000年，日本低于1公顷的农户比例超过60%。可见日本耕地的集中现象并不明显。

日本农业规模化经营的关键是高龄农户所拥有农地的委托经营问题。日本农户中60%为65岁以上的高龄农户。由于子女不愿继承农业生产，全国闲置农地达到40万公顷。日本政府以村落为基础设立法人组织，从农户手中租赁农地后，再将之出租给有意愿和能力的农户，从而实现规模化经营。政府和民间合作设立基金，为经营农地租赁业务的法人组织提供资金支持，使农业法人也可以进入流通业和食品加工业，以稳定经营基础。日本在1992年制定的《粮食、农业、农村政策的新方向》中，首次将这类生产组织称为"组织经营体"；在1999年的新《农业基本法》中则指出，在促进部分农户经营规模化的同时，还应积极发展这种以村落为单位的生产组织；在2003年出台的《大米政策改革基本纲要》中，将这类生产组织作为政策扶持的"村落型经营体"；在2007年实施的《跨产品经营安定政策》中，则把此类生产组织作为农业规模经营的方式之一，可以享受政府的收入直接补贴。这些措施在一定程度上解决了日本农业规模过小的问题，极大地促进了农业生产规模的扩大。

（三）农民合作组织的大力支持

日本农协是亚洲最成功的农业合作社之一，是按农村行政区域建立综合型农业合作社的典型代表。日本于1947年11月颁布了《农业协同组合法》，并在此基础上组建了基本覆盖全国的农协。日本农协实行"基层农协—都道府县联合会—全国联合会"的三级体制。基层农协是按市町村行政区域成立的。除了在农业生产经营领域提供技术支持和服务外，农协还有相应的农村金融机构，通过资本运作获取高额利润再返还给作为农协股东的全体农民。农协从各个方面满足农户需要，使农户离不开农协，从而在农村形成了关系密切的合作组织体系。

（四）发展生物农业

日本在全国建有由国立和公立科研机构、大学、民间（企业等）3大系统组成的农业科研体系，并将农业与生物技术相结合的新型农业确立为日本农业发展的新方向。在众多农业技术中，生物菌肥、生物农药及生物酵素制剂等的研究工作已被提到重要的位置，尤其在开展从植物成分中提取树液的研究与应用方面，居于世界领先水平。此外，日本农业发展将能量循环作为生态农业的核心，以能量评估方法衡量农业行为的可持续性，逐渐打破了农业和其他产业能量与物质循环的瓶颈。在发展生物农业的同时，日本着眼于提高植物免疫力，强调开发利用生物界免疫细胞，利用植物的免疫性防治病虫害，以减少农药的使用。在土壤改良方面，坚持维护土壤中的微生物环境，以促进优质菌生长，充分增强了土壤的生命力。这些生态技术的应用极大地提高了日本农业的科技含量，利用有限的土地实现了农产品产量的增长。

三、日本农业产业转型给我国带来的启示

家庭承包经营，从某种程度上讲，是中国第一次从根本上解放了劳动力，具有将资源转化为资本、创造收入的功能。2006 年，全国开始免征农业税，并逐步免去农民其他税费，解决了农民的税赋问题，同时开始对农民实行直接补贴措施。这为中国农业发展创造了良好的外部环境。但是随着对外开放步伐的加大，中国农产品贸易呈现逆差状态，部分农产品对外贸易依存度越来越大。这与日本农业转型前面临的境况一致。只有将农产品出口的外部压力转化成构建现代农业生产方式的内在动力，抓住农村劳动力向城市转移的契机，以土地流转为切入口，建立起适度规模化经营的现代农业生产方式，推动农业经营体制的实质性转型，才能有效地应对农业国际化带来的机遇和挑战。

（一）重视农业与其他产业的联系

过去，中国农业发展忽视了第一、二、三产业间的内在联系，而农业本身的内涵也随着社会需求的变化而不断延伸。目前，中国提出要使农业现代化和工业化、城镇化同步发展。这既体现了现代农业的重要地位，同时也折射出农业与工业发展、农村与城市发展是密切联系和相辅相成的。在进入工业化阶段以后，农业资源结构发生的变化主要是整个资源结构有所提升，技术类型也更加丰富，农业与其他产业的联系越来越紧密。因此必须重视农业与其他产业间的联系，将它们作为不可分割的整体。

（二）促进农业生产规模化发展

中国农业是典型的东亚传统农业，人多地少，农户规模小，土地碎化，经营分散，农业生产力水平落后。在市场经济下，分散的农户很难适应社会化大生产背景下的市场竞争，没有能力抵御由于市场供求变化和价格调整带来的风险。分散的农户只有联合起来才能提高竞争力，抵御市场风险。而工商业进军农村的"公司＋农户"的模式并不是非常适合中国国情的。因为弱小、分散的农户难以和实力强大、经验丰富的公司对等谈判。在此情况下，建立农民合作组织是一种有益且符合实际的探索。农民只有组织起来抱团成为一个整体，才能作为有力量的市场主体，参与到农产品价值链的平等共享中。而且分散的农户也有建立合作组织的意愿。只要政府在农民合作组织起步阶段加以引导，其生命力会非常强大。随着农民合作组织的发展壮大，必然有能力"用现代物质条件装备农业、用现代科学技术改造农业、用现代产业体系提升农业、用现代经营形式推进农业、用现代发展理念引领农业、用培养新型农民发展农业"，

提高土地产出率、资源利用率和农业劳动生产率，提高农业生产效益和竞争力。逐步推进农业现代化的过程也是农业经营规模扩大的过程。而机械化对变革农业经营体制有着决定性的作用。机械化不仅意味着以机械生产代替人力和畜力，更重要的是重新组织农业生产程序、改变人与土地的关系。当机械化得以普遍实现后，必然要求改变不适合规模化经营的农业体制。因此可以认为，农业体制变革是农业机械化的内在要求，农业机械化是农业体制变革的直接推动力。

（三）建立完善的农业经营组织

中国农业经营体系的组织化、专业化、社会化程度不高，不适应现阶段农业和农村发展的要求。中国农业企业众多，但是规模小，装备和技术落后，创新能力差，技术推广缓慢，没有形成规模优势。因此，政府要进一步加大扶持力度，促进在一定区域、一定领域内具有重要影响力的龙头企业的形成，支持龙头企业通过兼并、重组、收购、控股等方式组建大型企业集团；鼓励和引导民间资本进入农业领域，发展多种经营，提高农产品加工能力，提高农业附加值；逐步推进农村土地流转，对于农村承包土地要建立严格的准入和监管制度；专业大户、家庭农场、专业合作社、龙头企业和股份合作社这五大经营主体必须与农民形成利益共同体，以帮助农民增强抵御市场风险的能力。此外，我国还要重视农产品质量安全。农业生产应该走出只注重产量的误区，重视产品质量。

第三节 法国发展现代农业的经验及其启示

一、法国农业概况

法国国土面积约 54 万平方千米，人口约 6600 万，年人均 GDP 约 4.2 万美元，是欧盟最大的农业生产国、欧盟农业白皮书发起国，其农业产量、产值均居欧洲之首。

法国虽然气候条件好、土壤肥沃，既不像北美那样劳动力短缺，又不像日本那样耕地短缺，但直到"二战"前，仍是农产品净进口国，其"吃饭"问题长期是一个老、大、难的问题。"二战"结束后，法国政府采取优先发展农业的"以工养农"政策，实行物力投资和智力投资并举的策略，使农业的专业化、集约化和市场化水平提高，农业生产率空前提高，农产品产量大幅度增长，农产品加工业迅速发展。法国仅用 20 多年时间就实现了多作物、全过程机械化，实现了农业现代化。粮食产量近 15 年来连续稳定在 650 亿千克，超过欧盟地区粮食作物总产量的五分之一；甜菜、葡萄酒、牛奶、肉类产量分别居世界第 1 位、第 2 位、第 3 位和第 4 位，农产品出口仅次于美国，居世界第 2 位；法国有 24 家企业进入欧洲百强农业食品工业集团，有 7 家进入世界百强农业食品工业集团，是全球第一大农产品加工品出口国。

二、法国发展现代农业的经验

（一）注重绿色、环保与可持续的发展理念

把绿色、环保与可持续的现代农业发展理念贯彻到农业产业发展进程中，是法国各相关产业、各个环节坚定不移的目标和坚守，成为国家的基本国策。

20 世纪 80 年代，法国提出的"理性农业"的思想是指，在发展现代农业的过程中，需要整体考虑和全面兼顾生产者的经济利益、消费者的需求和环境保护，以实现农业可持续发展。这一思想得到了上层决策者的认可。上层决策者在该思想的基础上明确了理性农业的标准：在保障生产者收入的前提下，不断提高农产品质量，注重保护生物的多样性，注重农业和自然和谐发展。这就要求包括议会、政府、生产者、经营者、管理者在内的所有行为主体从理念上、制度上和行动上把质量作为天大的事。

在法国，绿色农业是指生产方式尊重环境，在农产品的生产、仓储、保鲜中不能使用合成化学产品，不能采取转基因技术。例如，在波尔多，葡萄主要是"看天吃饭"。若要喷药或浇水，必须通过农业部门的严格审批。农业专家对农药的半衰期也极为苛求，即使绝产，也不会在采摘前的两个月内喷药。法国政府同时出台多项措施鼓励发展绿色生态农业和农产品加工业，例如，设立 1500 万欧元的绿色未来基金，对从发展非绿色农业向发展绿色农业转变的农户提供免税等优惠待遇；在生态农产品消费方面，政府强制要求所有食堂和餐厅菜谱中有 20% 为绿色食品。又如，始建于 15 世纪的夏特诺瓦农场，现已传承至第八代，在生产方面十分强调轮作，有的轮作周期长达 7 年，有效创造了一个对致病细菌不利但对农作物自我调节有利的生态多样化环境。

在发展过程中，法国农业形成了以原产地证明（AOC）、欧盟原产地证明（AOP）为重点，包括产品传统特征保证（TSG）、受保护的地域标识（PGI）、有机农产品（AB）、农业质量标签（LR）等在内的一套完善的质量标准体系，为绿色、环保、可持续发展的农业提供了有力支撑。

（二）注重科学规划指导下的高度专业化

全国上下一盘棋，科学规划、顶层设计，一张蓝图绘到底的理念，在法国农业发展中得到了充分体现。因地制宜地排布种植、养殖、加工各行业，形成了科学规划指导下的高度专业化的农业发展局面。农业生产、加工、物流的规模化、专业化、机械化、信息化随处可见。

法国领土东高西低，境内山区、丘陵、盆地兼而有之。法国综合考虑了自然禀赋、历史传统、国际竞争等多种因素，按照"平地种粮、山丘养畜、坡岗葡萄加果菜"的生态适应性要求，合理排布不同的农作物和畜牧生产区域，形成了各具特色的专业化商品产区。经过多年建设发展，法国境内形成了三大生产区域：以粮食、油料和甜菜为主的巴黎盆地大耕区；以牛、羊、猪、家禽为主的西部畜牧区和产奶区；以葡萄、园艺和水果蔬菜为主的南部果菜区。区域专业化特色生产，使法国农产品带有浓郁的地域特色。其农产品多以地域或城市来命名，如享誉世界的波尔多葡萄酒、香槟地区的香槟酒等。此外，法国农业的高度专业化还表现为农场的专业化和作业的专业化。

（三）注重发挥合作社的重要支点作用

法国农业以农场为基础，以农业合作社为纽带，各链条之间无缝对接，商业化运作，建成了非常完善的农业组织体系和社会化服务体系。农业合作社发挥了重要支点作用，促进了法国农业有序发展、稳步提高。

随着农业规模化程度进一步提高，农场、合作社、农业公司三大经营主体成为法国农业的主导者（各主体经营面积一般在 200 公顷以上，规模经营农用地占全国农用地总面积的 93% 以上）。经过 100 多年的发展，法国农业合作社的规模逐步扩大，为社员提供的服务涵盖产前、产中、产后全产程，包括：农业生产资料的生产、采购和供应；生产过程中的技术服务，农产品质量标准的统一建立和落实，农产品的贮藏、运输、加工和销售；信息服务，包括市场信息、法律咨询，社会化服务等。例如，成立于 1965 年的埃罗省加罗克斯农业合作社，包括 300 多个经济体，拥有统一的品牌，合作社建有物流中心，为社员提供苹果、樱桃从种植到生产再到加工、销售的全方位服务，年销售收入达200 万欧元。

（四）注重"教学、科研、推广"一体化体系建设

法国农业的发达与农业教育、科研、推广的一体化的机构设置和无缝衔接紧密相关。法国建立了人才培养、科学研究、技术转化的完美体系，避免了重

复，提高了效率和国际竞争力。法国政府教育机构、科研院所、农商会、合作社分工明确，培养目标和服务对象各不相同，可纵向到底，横向到满足从农业工人、农业技师、农业高级技师、工程师到科研人员各个层次的人才培养需求。无论是高校，还是中等技校都重视实践能力的培养，拥有自己的实验基地、实验室和操作车间，实践课时占总课时的 1/3，半数左右的农业院校与农场有直接联系。经过专业对口的分类培养之后，受教育主体或者成为专门高等人才（如高校教师、科研人员以及国家机关行政官员等），或者成为职业农民（具有独立经营能力的农业经营者或具有某项专门技术的农业工人）。职业农民为了提高应用科研成果的能力，每年还须接受两周的培训。在科研方面，法国的农业院校紧紧围绕农业生产和市场需求，强调新技术、新品种的推广应用，有针对性地组织科研攻关。一方面，面向市场，发现研究课题，开展创新研究；另一方面，开展横向对接，承揽企业项目，为企业排忧解难，既满足了社会经济发展的需要，提升了农业科学研究水平，又助推了农业科研成果向现实生产力的转化。例如，2010 年，法国农科院与欧盟和其他专业机构签订了 100 个合同，与工业企业签订了 290 个合同，开发了 150 项专利，其下属机构已对 500 项植物方面的研究成果进行了商品化推广。

（五）注重发挥各项制度的规范、引导和支持作用

法国农业的发展离不开欧洲农业白皮书的指导。法国以白皮书为基础，排除人为干扰，逐步形成了完善的、健全的制度体系，使法国农业从种到收再到餐桌都在制度规范的框架下运转，发挥了对各个主体的规范、引导和支持作用。

政府制定了相关法律法规，以方便政府对批发商户的统一监管，维护市场的公平竞争；在各大区，政府规定只建一个大型农产品市场，且只允许有营业执照的超市、餐馆进入市场采购，不对个人零售。行业协会确定一个价格范围，不允许低价倾销，保障了各环节的利益，防止了恶性竞争。法国还颁布了农业教育指导法案，规定农民必须接受职业教育，只有取得合格证书后，才能享受国家补贴、优惠贷款和具备农业经营资格。并要求凡 18 岁以上的农民，每人均需参加为期一年（可累计）的农业知识培训；18 岁以下者须先接受培训 3 个月，再到农场实习 3 年，期满后经过考核才能获得"绿色教育证书"。

在农业不同的发展阶段，法国政府都会通过制定实施一系列不同的鼓励或者限制政策，从宏观上引导农业发展。在从"二战结束"后到 20 世纪 60 年代末的供给不足阶段，法国政府主要引导农村人口转移，加强农业技术培训，帮助农民在城市就业，鼓励扩大生产，如一次性发放"离农终身补贴"、出资对

农村剩余的青壮年进行培训、仅允许一个子女继承农场、实行税收优惠政策等。20 世纪 70 年代至 80 年代末属于农产品供过于求阶段，法国政府主要通过建立标准质量体系和价格杠杆推动农业转型。20 世纪 90 年代至今是限制生产阶段。法国政府主要通过建立以价格和直接补贴为主的新补贴体制进行政策调控，同时注重可持续发展，强调保护环境，开展国际合作。

三、给我国带来的农业产业转型方面的启示

（一）制度建设是根本

制度决定着经济绩效，制度建设是发展的根本保障。法国农业所有的生产、流通都是按照既定目标和标准进行的，针对所有产品，都建有可追溯系统，有严格的信用惩戒制度。市场主导着资源的配置，政府只发挥引导、支持和规范作用。全国上下重视并切实遵守《欧洲联盟发展白皮书》以及各种规章制度，保证了农业有序、高效发展。补贴制度是法国加强和调控农业的重要杠杆。在稳定、加强农业方面，法国对农业的最主要的补贴方式是分作物、按面积和牲畜头数进行直接补贴。此外，法国还设立青年务农者立业贷款，鼓励年轻人从事农业生产；设置畜牧和新栽培补贴；提供现代化农业装备资助以及农业灾害补贴贷款。在调控引导方面，政府通过增减主要农产品补贴幅度来鼓励或者限制某种产品的生产，引导农业结构调整。如设立土地休闲补贴、价格降低补贴、环境保护补贴。但是，目前法国的补贴政策在一定程度上对农业生产的积极性带来了负面影响，值得引起我国注意。

"原产地命名控制"制度（AOC）的实施，使一些地理、气候条件不好的区域，找到了发挥独特优势的机会，促进了地区农业自然资源的合理开发。该制度发挥了巨大作用，它以传统文化、地方特色的优势产业及产品为基础，把农业标准化建设与农产品名牌战略结合起来，塑造了农产品的"民族精品""国家品牌"，形成了国际贸易的绝对竞争力。拉菲、白马、拉图和奥比安等国际知名的红酒品牌就是典型代表。

（二）大力促进产业链条的一体化的实现

教学、科研、推广的一体化机构设置，使法国农业教育、科研推广运转良好，效率极高，是其农业全产业链条健康发展的重要基石。

法国农业教育体系由高等农业教育、中等农业职业技术教育和农民职业教育 3 个部分组成。这 3 个部分相互补充、紧密衔接，而且法国大学内有农科院，

教学科研与推广各单位不重复设置，全国布局合理，使农业教育、科研与推广有机融合为一体。

法国政府在促进农业专业化的基础上进行相互协调与配合，在农业生产过程中做到供、产、销三方面业务的有机配合、统一经营并制定措施给予保障。将产前和产后的相关企业建立在农村，配以发达的市场信息网络，使农业的发展逐渐与工业和商业的发展结合在一起，成为"农工商综合体"。一方面，工商企业严格控制农场生产农畜产品的数量、质量和价格等；另一方面，通过签订合同，工商企业不仅最大限度地把利益让给农业生产者，保证了一体化农场的产品销路和收入，而且及时向农业生产者提供先进的生产工具和必需的生产资料，协助其改良生产技术、提高经营管理水平，从而使一体化的农场获得更高的生产效率。

（三）大力提高农业生产经营的组织化程度

我国一家一户的小农生产方式不可能产生规模效益，标准化生产难以实现，市场竞争力极为低下。这些问题的根源是于组织化程度不高。要分类培育并发展壮大农业龙头企业、农民合作社、家庭农场、专业大户等新型农业生产经营主体的关键是大力提高农业生产经营的组织化程度。鉴于种养业生产领域适宜采取家庭经营方式，培育的重点应是种养专业户、家庭农场等规模经营户；鉴于农资采购、农产品销售和农业生产性服务环节适宜采用合作经营方式，培育的重点应是农民合作社和其他各类农业社会服务组织；鉴于农产品加工、物流环节适宜采取公司制经营，培育重点应是农业产业化龙头企业。同时，要通过完善龙头企业与农民的利益联结机制，提供产前、产中、产后的全产业链条服务，推动农业适度规模经营发展。

（四）出台并完善绿色农产品的支持政策

发展绿色农产品有利于推进农业可持续发展过程，促进农业资源的可持续开发利用，优化农业结构，提高核心竞争力，从而助推农业增效、农民增收。我国应继续扶持绿色农产品龙头企业，深入挖掘绿色农产品地理标志，对于绿色农产品认证、产品质量管理和品牌的使用加大管理力度。同时，要继续加强农业环境治理工作，在绿色农产品的规模化经营、绿色农产品基地准出和市场准入制度等方面出台政策、完善措施，以使农业稳步健康发展。

（五）加强农业从业者的教育和培训

将先进的技术、理念和制度应用于农业，让农业从业者持续增产、增收、增效，让生存环境更加和谐，是我国决策者和理论界孜孜以求的"农业梦"。实践证明，加强农业从业者的教育和培训是实现这一梦想的主要载体。我国应借鉴法国经验，依托农业高等院校独特的人才、学科和科研优势，建立新型农民就业创业教育培训中心，加强硬软件建设，扩大规模，提升质量，实施"职业农民证书"培训工程、新型农民科技培训工程、农村劳动力转移培训阳光工程等，实现持证上岗、标准经营、科学管理，真正提高农业从业者的能力和素质。

第四节　英国发展现代农业的经验及其启示

一、英国农业特征

英国国土总面积约 24.41 万平方千米，总人口约 6558 万人，国内生产总值达 2.94 万亿美元，人均约 4.56 万美元，是世界第六大经济体、欧盟内第三大经济体。英国农用土地 1724 万公顷，包括耕地 627.8 万公顷、草地 975.5 万公顷，农业发展自然条件得天独厚；英国农业人口约 47.6 万，占全社会总劳动力的 1.6%。农业总产值约合 176.4 亿美元，虽然占国内生产总值的比重仅为 0.6%，但政府依然高度重视农业农村发展，以欧盟共同农业政策为主导，不断推进农业现代化向更高水平迈进。英国农业的主要特征可以概括为以下六点。

（一）布局区域化

根据资源环境禀赋和市场需求，经过多年发展，英国农业已形成了四个典型区域。一是土壤肥沃的东南部农业区，以谷物生产为主；二是降雨充沛的草原区，主要集中在英格兰南部、威尔士东部和苏格兰北部，地势较高、土壤条件较差，以畜牧业为主，兼营林业；三是农牧兼业区，包括英格兰中部、北部和苏格兰南部平原，以谷物和畜牧业并重；四是北爱尔兰地区，以养牛、养猪和种植马铃薯为主，兼营林业。鲜明的区域化布局，充分发挥了各地区比较优势，做到了宜粮则粮、宜牧则牧、宜林则林，提高了农业生产效率和专业化水平。

（二）经营规模化

英国农业经历了生产规模由小到大的历史进程。几百年的"圈地运动"和第一次工业革命，使农业劳动力不断转向工业生产，农场规模不断扩大。目前，英国农场土地规模普遍在几十公顷以上，有的可达几百或上千公顷。英国在欧盟成员国中，农场平均规模最大，农场比重最高。英国现有农场 21.2 万个，其中大于 50 公顷的占 35% 以上；超过 200 公顷的农场虽然只占 4% 左右，但这些农场的土地面积占到总面积的 45.2%。农场规模不断扩大，提高了生产效率，降低了生产成本，稳定和提高了农场主的经营效益。

（三）生产机械化

英国农业机械较为发达，技术先进、配套齐全、装备总动力大的特征明显。英国平均每台拖拉机功率超过 100 千瓦，大型联合收割机作业效率可达每小时 4 公顷，平均每个农业劳动力拥有 1 台拖拉机、0.5 台收割机，动力装备超过 52 千瓦。粮食生产从播种到收获、清选、进仓、出仓等各个环节全部实现机械化；果蔬生产从播种到除草、施肥、喷药、收获、包装等环节也实现了高度机械化；畜牧业从饲料加工到喂养、疫病防治、畜产品加工、粪污处理等环节大都实现了机械化。机械化水平的提高，满足了农场规模不断扩大的需求，促进了科学技术的推广应用。

（四）技术集成化

英国政府高度重视农业技术研发。让人印象最深刻的是精准农业技术的推广应用。这项技术集卫星定位、遥感监测、自动导航、传感识别、智能机械、电子制图等于一体，通过运用全球定位系统（GPS），确保了耕作、点播、除草、施药、收割的准确性；通过遥感影像提供的土壤和作物营养状况及技术参数，实现了精准操作和变量施肥施药；通过运用田间交通管理系统（CTF），优化田间农机行走路线和作业幅宽，形成误差不超过 2.5 厘米的"固定道"，最大限度地减少机械对田间土壤结构的破坏，节约能源，降低成本，提高作业效率。目前，全英采用精准农业技术的农场达到 17%。据统计，精准农业技术可使小麦单产增加 8% 以上，大麦单产增加 25% 以上，平均油耗从每公顷 38 升降到 23 升。

（五）农民职业化

英国农民以农场主和职业经理人为主，他们多数是经过培训且有职业资格证书的职业农民。英国的一家农场拥有 1000 多公顷耕地，由 1 名职业经理人及 2 名长期雇员管理，工作范围包括从各类农业补贴申请到运用精准技术开展田间作业及市场销售的全过程。据农场经理人介绍，他本人年收入为 5—6 万英镑，已达到英国中高收入水平，农民在英国已成为较为体面的职业。据了解，英国上千公顷的农场一般由 3—5 人经营和管理。其中的一个主要原因是农民职业化提高了劳动力素质，农场职工都是全能型，购置生产资料、驾驶机械等样样精通。

（六）发展绿色化

英国绿色化发展是一个渐进过程。英国在 20 世纪 50 年代前后曾出现严重环境污染。经过 30 多年的综合治理，到 20 世纪 80 年代时，环境得到改善。英国政府通过"绿色发展计划"推广可再生能源、农药安全管理、综合养分管理、多样性种植、休耕轮作、风能太阳能等技术，支持农村改善环境，维护生物多样性，保护自然资源，提高公众保护环境的意识。如某农场拥有 1000 公顷自营土地，其中的 800 公顷用于大麦生产，200 公顷用于种植牧草和防护林，既发展粮食生产，为畜牧业提供饲草，又保护了水土，美化了乡村环境，实现了人与自然和谐相处。

二、英国发展现代农业的主要做法

为了不断促进农业和乡村发展，提升农场竞争力，英国政府在欧盟共同农业政策框架下，采取了一系列措施。

（一）重视规划引领与计划调控

英国非常重视规划编制工作。其农业规划体系包括两个部分。一是战略规划，由政府组织编制和发布。如英国农业部正在制定的战略规划，分别是食品与农业规划和环境战略，时间跨度为 25 年。英国在发布国家战略规划后，英格兰、苏格兰、威尔士、北爱尔兰可分别制定适合本区域的战略规划。二是产业发展规划，由各行业组织编制，主要确定产量、科技效率、环境影响等各项指标。最终由政府发布编制好的产业发展规划。据英国海洋渔业管理局介绍，在欧盟出台"共同渔业政策""蓝色增长计划"的基础上，海洋渔业局发布了"渔业规划"，但规划指标都是由行业自身预测的，属于引导性指标。战略规划和产业规划作为英国现代农业发展的总依据，一旦发布，不受政府换届行为影响。每一届政府都要按照战略和规划要求组织实施，形成一张蓝图画到底的格局，确保了发展思路和措施的连续性。与此同时，英国政府乃至整个欧盟，都十分重视利用计划手段调控农业生产。例如，欧盟每年给各个成员国下达海洋捕捞量配额，成员国按此配额控制生产总量，确保海洋捕捞量的稳定，以获取最大的经济价值。

（二）健全法律法规体系

英国农业相关法律法规体系健全，从农田到餐桌，覆盖整个农业全产业链的各个环节。据英国渔业管理局介绍，英国渔业企业从注册到运行都有严格的法律法规约束，仅选址和养殖两大关键环节的法律法规条款就多达 300 多项。此外，与欧盟其他国家相比，英国更加重视动物福利和环境保护，出台了《动物福利法》《环境保护法案》《水资源法案》《自来水工业法案》《环境法案》《清洁大气法案》《城乡规划法案》《野生动物和乡村法案》等。其中，《动物福利法》对农场在运输动物过程中的车辆状况、动物密度都做了细致的规定，包括途中必须小心谨慎，避免动物受到伤害和痛苦等，被称为百年来最严厉的一部动物保护法。

（三）积极推动农业科技创新

为使农业科技在世界处于领先地位，英国政府于 2013 年制定了农业技术战略，每年投入农业科技领域 4.5 亿英镑，主要用于科技成果转化、提高行业领导力和技能水平、打造出口品牌等。其中，7000 万英镑用于 77 个科技成果转化项目，如废弃物处理、土豆的病虫害防治、奶牛的精准饲养和疾病预防技术、GPS 定位和雷达监控作物施肥地点、数量与最佳施肥和收割时间等精准农业技术。在英国的农业技术战略中，企业是技术创新主体。

（四）注重政策的有效性

在欧盟共同农业政策（CAP）和世界贸易组织（WTO）规则的基础上，英国根据自身实际对农业政策进行了修订和完善，主要对"基本支付""绿色计划""乡村发展"三个方面进行了完善。据英国农村支付局（RPA）介绍，2014年，英国共支付上述三个方面的项目资金 32.62 亿英镑。在英格兰，"基本支付"方面的项目资金占全部项目资金的 74%，主要用于支持农场发展生产。在支付条件上，要求农场规模不低于 5 公顷、保持土地生产力、土地必须是永久种植作物或草等。在支持方式上，主要表现为直接补贴，补贴金额与耕地质量相匹配，按照高、中、低三个等级给予补贴。在支持程序上，农场主填写申请表并提交农场所有土地的类型图和作物分布图，乡村支付局委托第三方机构将英格兰 220 万公顷农用地划分为 2200 个地块，绘制成详细的地理信息图上线入库，并作为补贴审批的重要依据，批复后免费向农场主提供一套与补贴相对应的农田分布图，实现了政策落实精准化。同时，2015 年"基本支付"还包括了"青年农场主计划"。想投身农业的 18—40 岁的青年可以获得"青年农场主"补助。"绿色计划"方面的项目资金占全部项目资金的 23%，主要用于促进农业生产环境的改善，开展农田边界、河岸花草的种植、乡村景观保护和维护。"绿色计划"还设置和规定了一系列环境监管规则，鼓励农场主发展风能、太阳能、水利、生物质能等可再生能源。"乡村发展"方面的项目资金占全部项目资金的 3%，主要用于农业、乡村环境项目和社会经济项目。一个农场或几个农场的联合组织以及农业企业都可以申请。这三项政策的实施，对于稳定农业生产、促进农场规模不断扩大、保护自然资源和生物多样性、提高公众环境保护意识发挥了重要作用。

（五）鼓励发展农业合作组织

英国政府积极支持农业合作组织发展。英国形成了农业联合会、农业付费组织、技术支持组织、农业合作社四种农业组织。其中，农业联合会成员比较多。农业付费组织成员需按生产品种、收成上缴一定比例费用作为会费。会费主要用于研究、市场开发、教育培训等方面。技术支持组织主要由行业内外的一些专家、企业负责人组成。该组织成员就相关生产问题进行研讨并提出建议。农业合作社是英国较为重要的组织，由农场主、农场雇员、客户、供应商等组成。2014 年，英国共有 621 个农业合作社，涉及 15.5 万农民，总营业额约 62 亿英镑。英国的农业合作社分为三类：第一类是具有竞争性的合作社，如农机合作社、农业咨询合作社等；第二类是供应链合作社，如粮食采购、包装、销售、质量控制等合作社；第三类是垂直整合类合作社。在合作社经费结构中，会员缴纳、政府拨款、银行贷款各占 1/3。合作社会员共享信息、生产设施和农产品储藏设施，有利于专业化生产、确保产品质量、打造品牌、增加产品附加值、共同抵御市场风险。在合作社基础上发展形成的合作联社，在英格兰被称为英国农业合作社联盟有限公司，在苏格兰被称为农业组织协会。

（六）注重职业农民培训

英国农民培训是唯一得到政府资助的培训项目。目前，英国近 100 所农业专科学校、200 多个农业培训中心、约 2000 所农场职业技术中学和 57 所农业高校，构成了农民培训网络，基本满足不同层次人员的需要。1982 年，英国政府颁布了《农业培训局法》，规定了教员或辅导员的任职资格，严格落实考核制度，对参加培训班并考试合格的学员颁发国家职业资格证书。为避免滥发资格证书，政府专门成立了职业资格评审委员会。每年冬闲时节，农场主和职业经理人参加培训并取得相应的资格证书。实践表明，完善的职业农民培训体系，为提升农民素质、推广应用先进农业技术提供了有力保障。

三、给我国带来的农业产业转型方面的启示

（一）探索精准农业发展的有效途径

我国已对精准农业技术方面研究了多年，有关科研院所、大专院校举办了多次专题论坛、研讨会，取得了一定的经验和成果。但与发达国家相比，在装备水平、智能化程度、应用领域、推广示范等方面仍存在较大差距。我国应借鉴英国经验，在全面总结精准农业研究和示范的基础上，积极探索精准农业发展的新路径。在技术支撑上，进一步梳理精准农业关键技术，明确我国示范推广的主攻方向，力争短期内在数据信息快速获取、定性定量识别、光机电一体化操作等方面取得突破。在装备条件上，应适当扩大精准农业示范推广规模，鼓励国有农场、种养大户、规模较大的合作组织率先引进国际先进成套装置，在推广应用中消化吸收。在进度安排上，先期开展精准农业建设试点，选择条件较好的现代农业示范区，集中打造国家级精准农业示范展示平台。

（二）重新构建农业补贴政策体系

财政补贴是世界各国推动和发展农业生产的有效政策措施。英国自1957年《罗马条约》诞生以来，始终不断探索调整补贴政策，以使之适应地区和本国农业农村经济发展。英国补贴政策体系覆盖面广，相关政策边界清晰、协同性强、条款详尽、公开透明、易于掌握。相比之下，我国近年来不断出台的各项补贴政策种类繁多。正在执行的补贴政策就有26项之多。对于如此众多的政策规定，管理部门自己或许都很难说清，社会其他机构就更加如同雾里看花了。另外，政策内容本身也存在交叉问题，造成缺位投入和重复投入并存，影响了政策功能的发挥。我国应借鉴英国政策体系建设经验，从鼓励农业生产、保护生态环境、保障农产品质量安全和保护农民切身利益等方面，重新梳理有关农业补贴政策，调整归并目标相同、内容相近的补贴政策，整合形成能够反映时代要求、精确高效的补贴政策体系。

（三）发挥计划的引导调控作用

英国的市场经济是有计划的市场经济。计划在经济运行和生产发展中起到很强的引导调控作用。长期以来，我国比较注重计划的调控作用，但一些做法尚不能适应形势发展需要。例如，有关部门每年都编制各产业年度计划，但一般却不向社会公开，难以发挥对市场的引导作用。我国应根据上年市场供求关系变化，综合考虑其他因素，在年初发布粮食等重要农产品年度计划，明确年

度经济目标与建设重点，使各类市场主体"心中有数"，引导社会预期，发挥市场决定性作用，为有效调控农业发展提供支撑。

第五节　我国农业产业转型的实施路径与保障措施

一、实施路径

从农业实际出发，主动顺应现代农业发展趋势，遵从现代农业发展规律，积极组织实施好农业转型升级"八大行动"，率先在关键环节和重点领域取得突破，是引领农业产业转型升级的现实可行的路径。

（一）设施装备提升行动

一是强化农田基础设施建设。以千亿斤粮食产能建设为引领，不断加大中低产田改造、高标准农田建设、农田整治和耕地保护的力度，推广土壤有机质提升、测土配方施肥等成熟技术。二是大力发展设施农业。重点发展设施园艺和设施养殖，加速设施创新、材料更新、技术升级和生产方式转型，推动设施建造和产品生产标准化。加强畜禽规模化养殖场、水产生态池塘等标准化改造和建设。三是加快农业机械化发展。优化农机结构，优先发展大马力、高性能、复式作业机械，推进粮食生产机械化由产中向产前和产后延伸。促进经济作物生产机械化发展，大力促进林果业、畜牧业、渔业和农产品初加工机械化的实现。四是推动农业信息化的发展。整合农林牧渔信息网和"12316"等网络信息资源，构建涉农信息共享机制，建立省、市、县子级农业信息网络互联中心。加快开发农产品市场预警、监管、信息服务等应用系统，推进物联网技术在农业生产和农产品质量安全追溯等领域的应用。

（二）现代种业振兴行动

一是推进种业研发创新。加强种质资源收集保护，创新改良育种材料。建立基础性研究以公益性科研机构为主体、商业化育种以企业为主体的种业研发新机制，加快培育一批具有广阔应用前景和自主知识产权的突破性品种。二是培育壮大种业企业。积极引导鼓励种业企业做大做强，建成一批具有国际竞争力的"育繁推一体化"种业龙头企业或企业集团。三是强化种业重点工程示范。加大支持力度，集中实施一批生物育种产业重大创新发展工程、动植物良种工程，完善新品种区域试验评价及展示推广体系，加强优势种子繁育基地建设。同时，加强种子市场监管，健全种子质量检测体系，完善品种审定、保护、退出制度，加强种子生产经营行政许可管理。

（三）科技创新跨越行动

以产业需求为导向，突出自主创新能力提升和科技成果转化应用两大重点，大幅度提升农业科技研发水平，为农业农村经济发展提供更加有力的科技支撑。一是突出抓好产业技术集成配套。在集成推广高效种养业技术的同时，重点解决大田土壤修复、大棚土壤改良、新型配套农机具、高效低毒生物农药研发、农产品精深加工等关键技术和问题，力争尽快取得一批创新性成果。二是加强重大技术研发与应用。进一步充实完善现代农业产业技术体系创新团队，加快科研技术攻关，及时解决生产一线重大技术瓶颈问题。三是加强农业科技创新平台建设。健全完善共建共享机制，尽快建设一批区域主导技术和产品研发实验室、育种改良中心等科技创新平台，加大现代农业示范区、农业标准园等建设力度，更好地发挥其辐射带动作用。

（四）质量安全保障行动

完善省、市、县、乡、村五级农产品质量安全监管体系，确保农产品质量安全水平不断提升。一是加快农业标准化生产进程。以农民看得懂、用得上、易操作为目标，修订完善现有各类农业生产技术规范和操作规程等地方标准，尽快形成以国家标准、行业标准为主体，地方标准、企业标准为补充，既符合国内实际情况、又与国际标准接轨的农产品质量安全标准体系，引导农民和各类生产经营主体进行标准化生产。二是强化监测预警体系建设。加快各类农产品综合质检机构建设，建立预警通报和应急处置机制，加强对农产品生产及贮藏运输等环节的监管，切实搞好风险监测、监督抽查和风险评估。三是加快质量追溯体系建设。建立农产品质量安全省级追溯信息平台，积极开展农产品质量安全追溯试点，力争农产品质量安全追溯体系建设尽快取得实质性进展。四是大力推进品牌创建。建立名牌农产品认定、管理机制，加快推出一批名牌农产品和知名区域公用品牌。加大对名牌农产品的宣传推介力度，加快构建品牌农产品营销体系。

（五）农业产业化升级行动

大力实施农业产业化"五十百千万工程"，加快实施一批重点项目建设，推动农业产业化快速发展。一是推进龙头企业转型升级。引导建立现代企业制度，支持企业开展科技创新、质量提升和品牌建设活动，提高企业综合竞争力。二是推进经营机制创新。大力发展"一村一品""一乡一业"，支持高效特色产品基地建设。积极发展订单农业，进一步改善以"龙头企业＋合作社＋基地＋农户"为代表的产业化经营模式，构建产业链条更加完善、利益分配更加合理、发展势头更加强劲的农业产业化经营机制。三是推进企业集群发展。以国家级、省级农业产业化示范基地建设为重点，探索推进龙头企业集群集聚发展的新模式，引导优势产品向优势企业集中，优势企业向优势区域集中，逐步建立起集群集聚优势明显的农产品加工物流园区，辐射带动区域经济发展。四是推进农产品流通体系建设。完善农产品市场网络，推动农产品批发市场和物流中心升级改造，打造一批具有较强影响力的农产品集散中心、价格形成中心、物流加工配送中心和展示交易中心。积极发展连锁经营、期货贸易等流通方式和业态，加强农产品电子商务服务平台建设，深入开展农村商务信息综合服务。

（六）农村人才培育行动

一是着力培育一批新型职业农民。大力实施新型职业农民培育工程，加快培育一批具备较高综合素质、生产技能和较强的市场意识，能熟练运用现代物质装备、新品种、新技术，扎根农村从事农业生产经营的新型职业农民。二是加快培养农村实用人才。以村干部、农民合作组织负责人、大学生村官为重点，着力培养农村致富带头人，打造一支有技术、懂经营、会管理的农业生产经营人才队伍。三是积极培养农业科研人才。以培养农业科研领军人才为重点，加强人才的引进、培养和使用，着力打造科研创新团队，带动农业科技人才队伍全面发展。四是大力培养农技推广人才。进一步深化改革，做好公益性农技推广机构经费保障和农技人员工资补贴待遇的落实工作，鼓励和引导高校毕业生到基层农技推广机构工作，充实农业技术推广人才队伍。

（七）资源环境保护行动

启动耕地质量提升计划，实施土壤改良修复、农药残留治理、地膜污染防治、秸秆肥料化利用、畜禽粪污无害化处理、重金属污染修复六项工程。大力发展节约型农业、循环农业和生态农业，推广水肥一体化、测土配方施肥、清洁农业生产、保护性耕作技术，开展节水、节肥、节药、节力示范工程。加快推广畜禽生态养殖技术和标准化、规模化养殖模式，提高畜禽粪污、农业生产加工废弃物等无害化处理和资源化利用水平。稳步推进农村沼气建设，积极发展秸秆气化、压块等生物质能源，推广秸秆还田、生物反应堆等技术，努力改善农业生态环境。

（八）农业经营体制机制创新行动

围绕引导农民土地承包经营权有序流转和加快培育新型经营主体两个重点，推进农业经营体制机制创新。确保农村土地承包经营权确权登记颁证工作进度和质量，引导农民有序流转土地承包经营权，推进农业规模化、专业化、集约化经营。建立完善县、乡、村级土地流转服务机构和纠纷调解仲裁机构，维护农民土地承包经营权益。积极培育专业大户、家庭农场、农民合作社和农业企业等各类新型经营主体，完善扶持引导政策，切实强化家庭农场示范场、农民合作社示范社、重点龙头企业等的认定和管理，充分发挥其示范引领作用。

二、保障措施

加快农业转型升级是一项系统工程。因此，我国必须加强领导，精心组织，形成合力，完善联动推进机制，为加快转变农业发展方式提供有力保障。

（一）强化政策保障

加快农业转型升级应充分发挥好市场的决定性作用和政府的引导作用，完善政策和制度设计，推动财政政策、金融政策、产业政策相互配套，普惠政策与特惠政策有机结合，加大政策保障力度。

（二）强化投入保障

建立健全农业投入稳定增长机制，强化涉农资金绩效考核和管理，提高资金使用效益。深化农村金融体制改革，构建商业金融、政策金融、合作金融功能互补、相互协作、适度竞争的农村金融体系，切实解决好新型经营主体贷款难、贷款贵的问题。完善政策性农业保险和农业巨灾风险基金管理机制，降低农业经营风险。

（三）强化改革创新

把改革创新作为推进农业转型升级的核心动力，推进家庭经营、集体经营、合作经营、企业经营等共同发展的农业经营方式创新。完善土地承包经营权权能，搞好土地流转服务，激活农村要素市场。发挥现代农业示范区、农村改革试验区等先行先试优势，强化示范引领和辐射带动。

（四）强化法制保障

全面贯彻落实各项农业法律法规，加快农村可再生能源、植物保护、动物防疫等制度创新，完善适应现代农业发展的农业法律制度。加强农业综合执法规范化建设，提高执法能力和水平。

（五）强化组织保障

加强组织领导，健全工作机制，明确责任分工，强化协调配合。完善政府科学发展综合考核体系，将农业转型升级指标纳入各级政府绩效考核体系，加大督查考核力度。及时总结推广农业转型升级的先进典型和成功经验，营造全社会共同关注、支持现代农业发展的良好氛围，推动农业转型升级。

第五章 农村经济结构现状与调整

第一节 经济结构概述

经济发展主要包括经济增长和结构改善，经济结构的状况及其变化，既是社会经济发展的基本内容，又是社会经济发展水平高低的主要标志，还是制约社会经济发展的决定性因素。区分不同经济时代的标志，不是经济增长速度的快慢，而是经济结构特别是产业结构的状况。比如，区分农业经济时代、工业经济时代、知识经济或信息网络经济时代的主要依据就是产业结构的基本特征。农业经济时代是以农业为主导的经济时代，工业经济时代是以工业为主导的经济时代，知识经济或信息网络经济时代则是以知识产业、信息产业、现代服务业为主导的经济时代。经济结构的改善是比经济增长更为根本、更为重要的发展；经济结构的变迁，既是社会经济发展的结果，又是社会经济进一步发展的动因。优化升级的经济结构能够极大地促进社会经济高效快速发展，不合理的低层次的经济结构则会严重妨碍社会经济发展。经济结构特别是产业结构的状况及其变化，对发展中国家而言更为重要。因为现在发展中国家之所以比发达国家落后，主要不是因为发展中国家的经济增长速度更慢。不少发展中国家的经济增长速度现在比发达国家还要快，主要是因为经济结构不合理和层次低。因此，发展中国家要赶上甚至超过发达国家，不仅要加快经济增长，更重要、更根本的是要改善和提升经济结构。因此，经济结构现状及其演进规律的研究特别重要，尤其对发展中国家而言更重要。

一、经济结构的概念

一般来说，"结构"是指事物的各个构成部分的组合及其相互关系。经济结构最抽象的定义是指社会经济的各个构成部分的组合及其相互关系。这可以说是广义的经济结构。由于生产方式由生产力和生产关系构成，经济结构相应

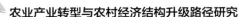

也分为两大类：一是从生产关系角度来看，社会经济结构即生产关系的构成或社会经济基础的构成，包括所有制结构、生产过程关系结构、交换关系结构、分配关系结构、消费关系结构等；二是从生产力的角度来看，国民经济结构，即整个国民经济活动的构成。这两类可以说是狭义的经济结构。

二、经济结构的类型

经济结构可以按照不同标准和需要进行分类。一是按照社会经济活动的生产、流通、分配、消费四个环节，国民经济结构可以分为生产结构、流通结构、分配结构、消费结构等四小类。其中每小类又可以再细分为更小的类型，比如：生产结构中包括产业结构、产品结构、劳动力结构、技术结构、投资结构、分工专业化协作结构、就业结构、规模结构、企业结构、生产的区域结构等；流通结构中包括市场结构、流通的产品结构、流通环节、渠道和方式结构、流通区域结构、进出口结构等；分配结构中包括国民收入的分配结构（初次分配和再分配结构及各自内部的分配结构）、积累（投资和储蓄）与消费的比例结构、积累基金分配结构、消费基金分配结构、分配形式结构等；消费结构中包括消费品种类和比重结构、消费方式结构消费水平结构、消费主体结构不同消费主体的消费对象结构等。二是依据社会经济活动的生产及产品的特征和空间分布情况，国民经济结构还可以分为产业结构、城乡经济结构和地区经济结构。

三、经济结构与经济发展

经济结构是经济发展的最重要的基本内容，两者互为条件、互为因果。经济结构既是过去经济发展的产物，又是未来经济发展的基础、动力和关键因素。经济结构的状况及其演进对经济发展的影响和作用主要表现在以下几个方面。

（一）经济结构的改善是经济发展的重要组成部分

社会经济发展包括经济数量的增长、经济结构的改善和生活质量的提高。由此可见，经济结构的改善就被包含在经济发展之中，经济结构的改善就意味着经济的发展。经济要发展就必须改善经济结构。而且，经济数量的增长、水平的提高，又有助于经济结构的优化升级，既为经济结构的优化创造了有利条件，又提出了必须改善经济结构的要求。

（二）经济结构的状况是经济发展水平的主要标志

衡量经济发展水平的标准主要是经济结构的状况。经济结构特别是产业结构优化的程度是经济发展水平高低的主要标志。如前所述,经济发展水平不同的农业经济社会、工业经济社会、知识经济或信息经济社会的界定和区分,都以产业结构的状况作为依据。农业经济社会之所以叫农业经济社会,就是因为其产业结构以农业为主;工业经济社会之所以叫工业经济社会,是因为其产业结构以工业为主;知识经济或信息经济社会之所以被称为知识经济或信息经济社会,是因为其产业结构以生产和传播知识的产业或信息产业为主。

(三)经济结构的改善是经济协调和持续发展的必要条件

要协调发展经济,就必须使经济结构合理,数量比例恰当,投入产出关系均衡,社会再生产的实现条件得到满足,空间布局适当。否则,必然导致比例失调、结构失衡、短缺和积压并存、城乡和地区发展不协调,连再生产都难以维持。要持续发展经济,就必须不断优化升级经济结构,必须发展环保产业、知识技术密集型产业,必须发展节约、保护、高效利用资源的产业,必须合理进行产业布局,适当推进城市化和地区协调发展。否则,必然导致环境污染、资源破坏、生态失衡、城乡和地区差距扩大,根本不可能实现可持续发展。

(四)经济结构的状况是经济效益高低的决定性因素

经济结构是决定资源在产业之间和地域空间能否得到优化配置、高效利用的关键性因素。在产业方面,只有使产业结构合理化,才能使资源在各个产业之间得到合理配置和充分利用,防止过剩、积压、浪费和不足、短缺的情况发生;只有使产业结构高级化,才能使产业的资源得到高效利用,并且新资源得以开发利用。在城乡和地区方面,只有使城乡和地区经济结构合理,才能真正发挥出比较优势和后发优势、互相协作配合、扬长避短、取长补短,实现城乡和地区资源的优化配置和高效利用,实现城乡和地区经济的协调高效发展。宏观资源的优化配置,主要体现为资源在产业之间和地域空间的优化配置。经济结构优化带来的产业和地区经济效益不仅是决定宏观经济效益的重要因素,而且使产业和地区效益比企业效益的意义更大。

虽然企业经济效益是宏观经济效益、产业经济效益、地区经济效益的基础。但是,如果整个产业部门生产过剩、地区资源配置不合理和效益低下,单个企业的高效益就会被抵消,总体上等于无效益或低效益。

(五)优化升级的经济结构是经济发展的强大动力

经济结构对经济发展具有双重作用:不合理、低层次的经济结构,使得比例失调、资源浪费、效益低下,城乡和地区差距被拉大,社会矛盾加剧,会严重妨碍经济的发展，使社会需求也得不到较好地满足；优化的产业结构，则会极大地推动经济的发展。优化的产业结构，意味着产业比例协调、技术先进、发展层次高，能够实现产业资源的优化配置和高效利用，能够改善供给、增加有效供给、创造新的需求，促使经济快速、协调、高效发展，使社会需求也能得到更好地满足；合理的城乡和地区结构，则能够发挥各自的优势，充分有效地利用各自的资源，缩小差距，促进城乡和地区经济的协调有序发展。

第二节　我国农村经济发展面临的主要问题和农村经济结构现状

一、当前我国农村经济发展面临的主要问题

改革开放后，我国社会经济进入快速发展阶段。其中，沿海城市、现代工业城市等发展较为迅速。如今，我国以城带乡、以工补农的能力已经极大提升，并相应进入城市经济带动农村经济的发展阶段。农村经济与城市经济相比，与外界的交流较少。但我国作为农业大国，国内农村经济拥有巨大的生产潜力和市场消费能力。在2008年发生的经济危机中，我们认识到外向经济具有泡沫性，只有拉动内需，才是促进国内经济良性发展的必要手段，关键就在于挖掘农村经济潜力、促进农村经济发展。提高农民收入，使农民真正富裕起来，是挖掘农民购买潜力的关键。为此我国做出了诸多努力，但当前我国农村经济发展仍存在着一定的问题。

（一）农业结构调整缓慢，农业产业化程度不高

大部分农民仍过分依赖于传统种植业和畜牧业，产业结构单一。因此，传统的思想观念和生产生活方式有待改变，参与农业产业结构调整的意愿有待加强；大部分农民习惯于大面积种植小麦、玉米、大豆等作物，高附加值经济作物种植少，农业种植结构品种单一，农产品附加值不高；农民专业合作社等新型合作组织发展过缓，农业生产的组织化、集约化程度不高，市场竞争力不强；农村第二、三产业分布发展不均衡。

（二）农资价格涨幅过快，农民的收益比例下降

近几年，农副产品价格波动较大，尤其是肉、蛋、禽的价格很不稳定，致

使很多养殖户没致富反致贫，养殖风险的加大严重影响了农民的积极性。种子、农药、化肥、燃油、农业机械等基本农业生产资料价格不断上涨，且涨幅较大，但粮食收购价格却持续走低，并出现"卖粮难"的情况，无形中增加了农民种植的投入成本，加大了投资风险，收益比例明显下降，严重挫伤了农民种地积极性。

（三）农业基础设施薄弱，农业服务体系不健全

和发达国家和现实农业需要相比，我国现代化农业基础设施的建设还比较薄弱，尤其是处于基层地位的农田水利、道路交通、供水供电等必要农业基础设施的区域发展还不够均衡，地区化差异明显，仍有少部分地区采用传统农业种养殖方式，存在靠天吃饭的情况，严重制约了农村经济的持续健康发展；与现代农业相关的和必要的科技、信息、防疫检疫、农副产品检测等农业基本服务体系建设满足不了现代农业发展需要。

（四）农民致富本领不强，劳动力转移困难重重

随着近些年经济的发展、国家对三农工作的重视、农业现代化与机械化程度的提高，广大农民的思想观念和综合素质普遍有所提高，但与改革发展需要和社会进步步伐相比，仍存在改革创新意识不强，学习意识和接受能力不强，对文化技能知识和先进科学技术掌握程度不深，生活适应能力不强等诸多问题，直接导致劳动生产技能落后，主动寻求发展愿望不强，发家致富本领、劳动力转移能力不强和经济效益不高。

（五）农村实用人才短缺，引领示范作用不明显

广大农村普遍缺乏能够带领农民发家致富的种植养殖能手、农产品深加工、农村能工巧匠、农村经纪人、农民科技带头人等能力素质高，具有无私奉献精神，能够主动将技术本领、致富经验、现代科技信息带给周围农民的农村现代实用人才。很多熟悉农村生活、了解农民情况的能人不能很好地发挥引领和辐射带头作用，存在只管个人致富、不管邻里现象，不能通过发展规模化经营或合作经济带领农民共同发展农村经济。

二、我国农村经济结构的现状

我国是一个农业大国。农业一直以来都是我国经济的重要组成部分，农业发展水平与农村经济结构对我国经济发展影响巨大。而我国现代农业的发展状

况与农村经济结构已经很难满足目前经济发展的需求。这迫使我国必须对农村的经济结构进行调整，发展现代农业。

一是农产品的种植没有充分考虑市场需求，导致有的农产品供过于求，有的则是供不应求。目前我国农业正处在一个新的发展时期。特别是近年来，我国加大对农业的科技扶持力度，使我国农村的生产力得到大幅度提高。但是由于对市场行情不熟悉，导致农产品种植与市场需求不协调，影响了农村经济的发展速度。

二是农产品品种单一，质量不高。在我国推进现代农业建设的过程中，农产品单一是必须解决的问题。我国很多地方仍在坚持种植单一的农作物，农产品的质量迟迟得不到提高。而且由于农作物过于单一，导致农作物的生产量大，很多农产品只是作为生产原料，没有被进一步精加工，产品附加值低，经济效益不高。

三是农民的科学文化素质不高，新的农业技术推广难度高，农民收入增长缓慢。我国大多数传统农民的文化水平不高，在政府推行新的农业技术时，很多农民无法理解，而且在技术实施的过程中也容易出现问题，提高了现代农业技术的推广难度。

四是很多地区仍是自给自足的小农经济，农村经济发展缓慢。在我国的某些地区，特别是中西部地区，由于地形崎岖、区域偏远，市场狭小，很难形成规模经济。农民"自产自销"，很难产生经济效益。而农民收入主要来自土地，导致农民收入增长缓慢，消费能力不强，农村的经济发展缓慢。

农村的经济结构不合理和农村经济发展速度缓慢已经越来越不适应当前国际国内的形势。在国内，随着我国城镇化的进一步推进，人们的生活水平越来越高，对农产品的质量和数量有了更高的要求。同时，国际市场对农产品的质量有更高的要求标准。这些都要求我国必须对农村经济结构进行调整，要具有战略眼光不能仅仅局限于调整多种或少种什么农作物上，要注重现代农业发展，在适应市场的前提下提升农产品质量、实现农产品多样化，发展高质高效的现代农业，带动农村第二、三产业的发展，以推动农村经济结构战略性调整，增强农村经济发展活力，促进农村经济健康可持续发展。

第三节　农村经济结构调整

一、农村经济结构调整的现状

随着我国城乡经济统筹发展战略的提出，近年来我国对农村经济的重视程度越来越高，我国农业经济的发展也取得了一定的成就。但是相比于我国城市经济发展的迅猛势头，我国农村经济发展速度相对缓慢。为了使农村经济健康可持续发展，农业产品能够更好地满足国际国内市场的需求，有必要对农村的经济结构进行战略性调整，在我国建立起一个完善的现代农业体系，以提升农村经济的发展水平，实现城乡经济的统筹和谐发展。

（一）农村经济结构调整的成效

近几年，我国根据"全党抓经济，重点抓调整"的农村经济结构的总体调整思路，以"农村稳定、农业增效、农民增收"为主要目标，对农村经济结构进行了一系列的调整，已经取得一定的成效。首先，在认识农村经济结构调整方面，有了明显的提高，且农民的市场意识、质量意识以及竞争意识、市场适应能力等都大幅度提高；其次，农业内部传统的以粮棉型、数量型为特色的种植模式被打破，逐渐转变为效益型、多元化的种养模式，且日趋合理、优化；再次，具有区域特色的经济结构逐渐形成；最后，农村经济的综合素质不断提升，产业结构不断优化。

（二）农村经济结构调整中的问题

1.观念体制落后，资源优势发挥不充分

从总体上来看，农民的受教育水平普遍相对较低，大部分是未受过高等教育的。这使得农民整体的文化水平和综合素质不高，思想观念较为落后和固化，甚至还可能存在封闭老旧思想，既不具备专业的知识和技能，又严重缺乏实践创新意识，严重阻碍了农村科技生产水平的提升，导致农村经济产业化水平始终提不上去。与此同时，农村剩余劳动力的问题随之产生，给农村经济结构优化调整工作带来一定困难和挑战，难以发挥当地区域的独特资源优势。

2. 营销渠道单一，市场竞争力总体偏弱

相较而言，农村的互联网覆盖面、电商网络发展水平等各方面是比较滞后的。这在一定程度上制约了市场推广营销渠道的拓展和延伸，导致农村市场产品推广营销路径普遍比较单一和固定。另外，留守农村的大部分都是年纪较大的老一辈，农村里年轻人的比例是微乎其微的。老一辈的农民没有正确认识网络这一现代化工具，很多也都不具备上网能力，导致农村产品的销售途径相对还是比较传统的，很难实现改变和创新。单一的市场推广营销渠道，导致农村产品很难走出去，形成品牌效应和产业优势就难上加难，进而导致农村市场竞争力总体上偏弱，不具备独一无二的核心竞争优势，可持续发展的目标难以实现。

3. 产业化程度低，结构发展层次待优化

由于农村的经济条件相对较差和科技生产力水平相对较低，导致农业产业化程度偏低，农产品生产及加工工艺相对比较简单和粗糙，很难形成精细化、高科技化的产业链，同时，产品质量与行业标准、国际标准都相差甚远，甚至有部分偏远农村地区，其农产品只是经过简单的初步加工就直接往外销售，很难形成独有的市场竞争力，很难跻身于现如今激烈的竞争市场中。与此同时，由农村产业化程度低的问题衍生出特色产业缺失的普遍现状，农村主导性的规模产业缺乏发展的环境和条件，导致农村整体的经济结构是不完善的，经济增长点十分单一，无法有效保障农村产业发展的社会效益和经济效益。

4. 农业基础过于薄弱，农民收入增长速率十分缓慢

在现阶段，我国经济经济发展趋势异常迅猛，农产品产量持续增长，政府开始逐渐加大对农业实际生产条件和基础性技术设施的整改力度。不过从宏观角度来审视，因为农业基础过于薄弱，一时间令农业不具备较强的自然灾害抵御潜能。特别是在我国人均耕地数量少和劳动力资源大量富余的矛盾作用下，农业既有生产效益开始逐年降低，经济收入增长速度自然长期处于晦暗境遇之中。这些结果可以说是由我国国民经济中实质性的结构冲突导致的，从多个方面限制了社会主义多元化经济活动。第一，因为受到我国人均耕地资源数量不足和劳动生产率过低等问题的影响，加上生产成本的持续上涨，越来越多的农民难以透过农业种植获得合理的收入，增产不增收的状况广泛存在。尽管目前我国粮食产量增加，同时政府沿用价格保护和粮食敞开收购等举措，使得粮食销售价格得以适当提升，但是从全国整体层面来审视，农民的收入却并未因为粮食增产而在真正意义上有所增长。第二，农民收入增长速度过慢，使得农民

在生产资料和生活消费品购置能力上全面遭受限制，同时因为在单位年限内，农民消费性支出涨幅不大，使得第二和第三产业发展进程极度缓慢，最终势必会对国民经济良性循环发展不利。

5.政府制定的扶植性政策实效性不高，阻碍各类产业机构优化

自从我国建立并沿用市场经济体制之后，地方政府开始获得适当的主权进行经济结构调整。自此之后，社会大众开始将地方政府视为平衡控制不同区域的国民经济总量的主体，以及独立控制区域经济活动的组织主体。然而正是在上述政府职能权限的变化影响下，当今许多地方政府在调整自身经济结构期间，都本能地将注意力集中投射在最大限度地追求本区域利益层面上，致使产业机构调整质量并没有得到实质性的提升。这些地方政府在针对经济结构制定调整政策的过程中，都存在一定的思维误差迹象，都盲目地认定财政收入高的行业便是主导型产业。以烟草行业为例，尽管其对于地方经济整体带动性不强，不过纳税数额较高，有助于政府增加财政收入，因此许多地方政府并非完全依照产业结构理论来确立本区域的主导型产业。这样无疑会令其经济经济调整实践和既有的相关理论脱节。

二、农村经济结构调整的必要性

（一）有利于改善地区农业产业结构，推动农村经济发展

实施农村经济结构调整，有利于优化与调整传统的农业生产模式，加快地区农业产业的现代化进程，进一步解放农村劳动力，推动第二、三产业的发展，进而实现农村经济的全面发展。从目前我国新农村建设的成果来看，农村经济结构调整在推动农村经济发展方面已经取得了一定成效。农产品加工、销售较之前有了很大的发展，农民收入也在逐年增加，农村经济的发展势头越来越猛，发展形势一片大好。但是，我国农产品的加工与销售仍存在巨大的市场空间。这需要政府、相关职能部门以及农业生产经营者共同努力，以当前的市场需求为导向，努力实现品种优质化、农业生产规模化以及产品销售多元化、经营目标效益化的农村经济发展目标。

（二）有利于加速形成开放、统一以及竞争有序的农产品市场体系

农村经济结构优化调整这一战略，是在政府宏观调控下得以制定与实行的。相关的政策和财政支持为促进农村经济发展提供了稳定、有利的市场环境和基

础条件。从地区农村经济结构优化调整上来看，各级政府首先打破了以往的市场分割和地区封锁、保护等区域限制，并在此基础上加快了农产品市场的建设步伐。这有利于国内尽早形成开放、统一及竞争有序的农产品市场体系，让市场在推动和引导经济结构调整中发挥更大的作用。

（三）为新农村建设和城镇化发展奠定坚实的基础

传统农业经济结构形势比较单一，第二、三产业基础薄弱且发展空间狭小，经济发展滞后和长期的落后导致了普遍存在城镇化、工业化及农业产业化和科技化水平较低等系列性问题。农村经济结构优化调整是从根本上解决这一系列问题的有效举措，也是发展农村经济、增加农民收入和地方财政收入的重要途径。农民收入和地方财政收入的增加又会大力推动地方教育的发展和各项基础设施的建设，从而为新农村建设和城镇化发展奠定坚实的基础。

（四）构建和谐社会的必然要求

改革开放 30 多年来，我国的经济社会面貌发生了巨大的变化。但是收入差距——各阶层之间、城乡之间、区域之间日益加大。差距的日益扩大不利于社会和谐和稳定。要改变收入差距过大的局面，不仅要从分配结构入手，还要与产业结构、消费结构的调整共同进行。通过调整收入差距来调整消费结构，促进国内消费，减少低水平、重复性建设投资，进而促进产业结构的升级。同时消费结构的变化也会促进产业结构和分配结构的变化；产业结构的变化又可以影响消费结构和分配结构。也就是说，三者之间相互影响。我国应在三者的相互影响、作用中，优化经济结构，推动和谐社会的建设。

三、农村经济结构调整的原则与重点

（一）农村经济结构调整的原则

为了实现农村经济结构的合理调整，我国在新一轮农村经济结构的调整与优化过程中必须坚持以下几项原则。

1. 市场导向原则

随着我国市场经济体制改革的深化，市场化农村经济的发展速度不断加快，市场对农村经济结构调整与优化的主导作用日益显著。我国应面向市场，了解市场信息，把握市场趋势，按照市场需求（包括本地市场需求与外地市场需求、现实需求与未来需求）进行结构调整，使生产结构与需求结构相适应，做到供求基本平衡，保护和照顾各方的利益。坚持以市场为导向的原则是农村经济结构调整中必须把握的一项重要原则，也是决定结构调整能否成功的关键。

2.因地制宜原则

调整农村经济结构，应注重发挥自己的优势。这里说的优势，主要是指农村经济结构调整中的资源优势、技术优势、市场优势等各地与其他地方相对的比较优势。由于各地自然环境、区域位置、生产力水平不同，因而各地优势也各不相同。各不相同的优势是从供给方面影响农村经济结构形成与变化的一个重要因素。在新一轮农业和农村经济结构调整与优化中，我国应从本地实际出发，把发挥自身优势作为调整优化经济结构，提高结构效益的着力点来抓。即在新一轮农村经济结构的调整与优化中，一要挖掘资源优势，二要形成规模优势，三要树立名牌优势，四要发挥市场优势。

3."三效"协调原则

由于受到各地自然资源、区域条件、人口密度、市场发育及支柱产业的影响，农村经济结构调整可有多种多样的模式，但在发展途径上，都必须走可持续发展的道路，坚持兼顾经济、社会、生态效益，共同提高的原则，即"三效"协调原则。不能顾此失彼，失之偏颇。这是确保农村经济发展有生机、有活力，欣欣向荣、蒸蒸日上的关键所在。

4.示范引导原则

典型示范是教育、引导农民，推进新一轮的结构调整与优化较有效的方法。农民一般都是现实主义者，是讲实际、讲实惠的群体。因此，需要有活生生的典型来增强说服力。我国应抓住结构调整中的典型，搞好示范，让农民一看就懂，一学就会，变"要我调"为"我要调"，从而有效地铲除结构调整中的种种障碍，增强结构调整的群众基础。

5.科技推动原则

农业和农村经济结构调整与优化的效果如何，如产业能否调优、品种能否调良、质量能否调高、规模能否调大、效益能否调好、整个农村经济的素质能否得到根本改善等，取决于科学技术。全面加强农村科技创新机制建设，将高产优质高效技术，农产品深加工综合利用技术，农产品储藏、保鲜、包装技术，节本增效技术等融入整个农业和农村经济结构调整与优化的全过程、各环节中，大力提高产业和产品的科技含量，是结构调整的重要支撑点。

6.循序渐进原则

在现阶段，农村经济结构调整与优化是一项长期艰巨的任务，是一个渐进的过程。我国必须按照客观规律，科学规划，有序推进。在实践中应注意三个问题：一是立足全局，不就事论事；二是量力而行，不盲目扩张；三是稳步推进，不操之过急。

（二）农村经济结构调整的重点

农村经济结构调整是一个长期的、系统的、复杂的工程。为了保证能够卓有成效地开展农村经济改革，我国必须针对农村经济结构的现状进行分析，指出经济结构调整的重点，以点带动全局来调整。

1.对农业区域进行优化调整，使农业布局分布更合理

农业产品区域调整是我国农村经济结构调整的重要内容。我国可针对我国目前农产品种植区域的分布情况，打造一批有特色，并具有一定规模的农业经济区域，提高规模效益，同时增强各个区域之间的联系，加强区域间农产品互补，实现各区域经济的共同发展。

2.提高农产品质量

我国传统农业生产太过于注重量的提高，对农产品质量的要求一直不高。而在如今的经济环境以及市场条件下，只有高质的农产品才能进一步打开市场。因此提升农产品质量是调整农村经济结构，提升农产品竞争力的关键点之一。

3.调整农产品种植结构

以往农村的农产品种植结构相对单一，使某些农产品供过于求，而且价格低。因此在对农村经济结构进行调整时，要注意对农产品种植结构进行调整，扩大蔬菜、水果、药物等经济作物的种植面积，提高土地单位面积产出效益，以促进农村经济结构的优化转型。

4.调整农村劳动力就业结构

我国目前农村青壮劳动力基本上会选择外出就业，留在农村的多是"老弱病残"。而且农村青壮年劳动力外出务工回乡之后大多数仍务农，就业结构相对单一，造成农民收入增长缓慢。因此在要积极鼓励农村劳动力进入餐饮、运输、建筑等行业，改善农村劳动力的就业结构，扩大农民增收空间。

四、农村经济结构调整的思路

在新时期，我国农业和农村经济发展的形势将面临重大的变化：农业农村经济的外部环境将更加多变，对自身发展的要求将更加严格，支持的政策将更加有力。因此，当前和今后农村经济结构调整的总体思路是，紧紧围绕农民增收这个目标，以加工经营企业为龙头，以农业合作经营组织为纽带，以科技进步为动力，以农业标准化为基准，全面提高农业和农村经济整体素质和市场竞争力，加快实现由传统农业向现代农业的新跨越。

（一）以稳粮增收为主线，保持农业稳定

我国粮食产量已经连续多年增产，但在耕地不断减少，人口持续增加，需求明显增长的背景下，粮食供求平衡任务仍然艰巨。我国应继续按照稳定面积、增加单产、提升品质、提高效益的总体要求，坚持粮食生产的"三条底线"，即加强粮食综合生产能力建设，着力提高粮食单产水平，确保我国95%以上的粮食自给率；实行更加严格的耕地保护制度和节约用地制度，坚守全国18亿亩耕地的红线；提高粮食产量，确保人均粮食占有不低于400千克。同时，加快推进耕地和农村集体建设用地管理制度改革，形成集约、节约、高效用地的新机制。进一步完善对粮食主产区的利益补偿机制，增加对产粮大县的奖励补助，并加快研究其他相应的扶持政策。要加大粮食收购价格提升幅度，继续大幅度加大农业生产和销售补贴力度。

（二）以改革分配方式为手段，夯实发展基础

我国应改革收入分配方式，改变农业的弱势地位，改变农民在分配中处于被动和底层的局面，建立有利于以劳动作为分配依据的社会初次分配制度，提高农民劳动在社会分配中的比重，增加农民收入，改善农业和农村发展的物质经济条件。充分发挥转移支付等手段在平衡社会收入方面的调控作用，实行国民收入二次分配向农村倾斜的政策。要继续深入贯彻工业反哺农业、城市支持农村和"多予少取放活"的方针，按照存量适度调整、增量重点倾斜的原则，加快建立以工促农、以城带乡的长效机制，不断增加对农业和农村的投入，强化农业发展的基础。

（三）以培养农业人才为方向，培育新型农民

我国应针对农村青壮年劳动力日渐减少的现状，采取多种手段，培育一批有知识、有技能、有方法，乐于务农、善于务农，适应规模化、市场化、现代

化农业生产新要求的新型农业生产者。要加大农业人才培养力度，不断开展农村职业技能培训和阳光工程培训，培养一批农业生产能手和农民技术骨干。加强与大专院校和科研院所的合作，发挥其技术和人才培养的优势条件，为农村实用人才培养服务。联合有关部门选拔培养一批科技致富能力强、辐射带动作用大的农村产业致富带头人，带动周边农民的发展。

（四）以转变发展方式为重点，促进提质增效

要转变传统农业粗放经营的方式，不断提高农业资源的利用效率与效益，加强农业资源和生态环境保护，大力发展农业生物技术产业、生态农业产业、生物质能产业、农业创意产业、现代农业服务业等新型农业产业。要继续加强农产品质量标准体系建设，保障农产品质量安全，促进资金实力雄厚、企业责任心强、科技管理水平高的公司进行合理的产能扩张或兼并收购，使农产品生产由增长数量向提高质量方向转变，提高我国农产品在国际市场的竞争力。要加强农业科学技术的研究与推广应用，发挥科技在促进农业现代化、产业化、市场化和国际化中的引领和推动作用。

（五）以农村经济组织为纽带，提升服务能力

要继续扶持和壮大农民专业合作组织、农技推广机构、龙头企业等农业农村服务主体。认真贯彻落实《中华人民共和国农民专业合作社法》，尽快研究出台相关配套政策，对从事市场营销、农资采购经营、信息服务、技术推广培训、农产品质量标准与认证、农产品加工运输贮藏、农业基础设施建设的农民专业合作组织，采取给予财政补贴、贷款支持或税收优惠等扶持政策，并积极探索农民专业合作组织承担或参与政府建设项目的有效机制，扶持其不断提升服务能力。继续支持各类农业行业协会和中介服务组织发展，充分发挥其开展技术服务、整合行业力量、提升谈判地位的功能。研究制定和完善在开展农业保险、组织实施有关工程建设项目等方面扶持农民专业合作社、各类农业行业协会和中介服务组织的政策措施。

（六）以对外开放为导向，拓展发展空间

随着经济全球化和市场一体化的深入推进，我国农业发展将面临前所未有的机遇和挑战。我国要准确把握这一趋势，大力提高农业对外开放水平，提高农产品国际竞争力。要大力实施"引进来"和"走出去"战略，既要积极吸纳国外资金、先进技术和人才发展农业，又要鼓励和支持有条件、有实力的科研单位和农业企业"走出去"，开辟境外农业资源开发新渠道，积极参与农业国

际竞争；大力发展外向型农业，加快建设农产品出口创汇基地，鼓励各种所有制形式的企业投资开发外向型农业，扩大优势农产品和加工制成品出口。加强农产品进出口宏观调控，规范和完善农产品进口管理，建立农产品贸易快速反应机制，有效保护我国农业。

（七）加快农村土地流转，促进土地集约化经营，推动产业结构调整

实行土地流转，可以解决外出务工人员的后顾之忧，减轻留守人员的劳动负担，又可以充分发挥土地资源使用价值。当前，我国要做好土地流转工作。一要客观分析当地的自然地理、区位条件，理性剖析发展现状，合理引进招商单位。二要积极开发第二、三产业，在解决好失地农民的再就业问题的同时，统筹好三大产业协调发展。三要多方拓宽招商渠道，探寻土地集中经营的新模式，更好地促进农业农村经济发展。

（八）以统筹城乡为基础，促进社会公平

农村作为第一产业的集中地，提供了生存支持系统和生态环境的保育功能，城市作为第二产业与第三产业的集中地，提供了产品、服务及相应供需支持系统，从区域的整体上是互补的和不可分的。只有把城市纳入区域的整个体系之中，各城市优势互补、功能互补，并且始终把农村作为区域的基底平面，才能对于城市的发展和城乡统筹有一个全面的认识。一方面，我国要加快城市化进程，另一方面，我国要提高城市的素质。城市化有助于促进城市素质的提高，同时，通过统筹城乡发展，也可以为迅猛发展的城市化进程奠定牢固的基础。强化城市对区域经济的带动作用，增强城市生态环境的综合功能。在建设新型城乡关系中坚持平等原则、开放原则、互补原则、协调原则，破除旧体制，促进城乡空间一体化、城乡市场一体化、城乡产业结构一体化、城乡经济社会发展一体化，建立新型的符合城乡统筹发展的城乡关系。

第六章　农村经济发展的影响因素

第一节　农村人口结构

从中国农村人口现状来看，积极的一面是总人口的不断减少和永久居民的比例不断降低，符合现代社会发展的基本规律。但也存在消极的一面，即农村人口年龄、性别和质量的结构发展不平衡。人口结构的变化对农村经济结构升级产生不可小觑的作用与影响。

人口是经济发展历程中的重要影响因素，其与区域经济发展尤其是农村经济有着不可分割的联系。人口结构不仅是规划区域经济发展方向的重要依据，也是区域长期发展规划应该重视的因素之一。中国作为一个正在发展中的人口大国，在发展的过程中，其非同一般的经济增长速度，长期以来的经济的繁荣发展，在世界范围内引起了广泛的关注，被称为"中国奇迹"。但是，在这个过程中也出现了一些如同人口数量急剧增加、人口老龄化等相关的一系列问题。自从我国实施计划生育政策以来，我国的人口结构发生了显著的变化，对经济的可持续发展产生了许多不利影响，引起了有关政府部门及专家学者们的重视。基于此，本节选取农村人口结构变化作为研究视角，研究农村人口结构的变化是如何影响乡村经济发展的。

一、人口结构与经济发展的相关理论

有学者认为，中国在改革开放以后的经济增长奇迹除了得益于良好的国际环境、宏观经济政策的改变，社会制度的完善等有利因素的影响之外，在一定程度上还得益于由人口结构的变化为中国带来的人口红利。然而，随着近年来我国人口出生率不断降低、"老龄化"问题不断增加，社会的劳动年龄人口比例已经达到最大值，从而导致中国的人口红利结构逐渐消失。这一改变将会如何影响中国的经济增长以及造成的后果，是目前为止学术界仍旧在研究的一个

重要问题。因此，对于人口结构变化对经济增长产生的影响的探究，有助于制订有关人口与经济的发展规划，同时促进人口与经济的持续、和谐发展。

此外，我国作为人口大国，农村人口问题日益突出，近些年也引发了不少学者的关注。例如，张南（2016）提出，自中国开始农业产业转型以来，农村人口结构发生了很大的变化，不仅体现在性别结构和年龄结构上，还体现在素质结构上。农村人口结构的变化同时也对青壮年劳动力、生产效率、社会经济发展等多方面产生很大影响。这需要国家就有关人口问题的利弊方面进行透彻分析，同时还要做到提高村民文化教育水平、修改以及完善社会保障制度、加大支持力度等，以达到不断优化农村人口结构的目的，最终促进新时期农村经济的发展。余红美（2018）提出，人口年龄结构作为人口自然结构之一，属于人口学研究范畴，也与经济社会的发展相互影响。在现有的研究中，大部分学者将劳动年龄人口比例、被抚养比例等作为研究分析的因素，对人口年龄结构变化影响经济结构升级进行验证。但遗憾的是，很少有学者涉及人口年龄结构对经济结构升级的影响和内在机理方面的研究。在我国，农村人口问题就是最根本的人口问题，其不仅与人口的未来发展趋势有不可分割的关系，还直接影响到我国经济的协调可持续发展。

二、农村人口年龄结构的变化现状分析

在农村实行以家庭承包为基础、统分结合的双层经营体制以后，许多农村人口离开家乡，为了维持生计，也为了自己和家人能够拥有更加美好的生活而纷纷前往城市打工。尤其是 1992 年以后，"民工潮"在此时期形成了，中国开始出现农民跨地区转移的劳动力迁移现象。该现象直接对中国的城乡二元结构造成影响，同时也间接导致了现在中国最严重的人口留守问题，进而使得农村家庭结构改变，使农村人口结构最终发生了历史性的变化。如今，伴随着大量青壮年劳动力外出务工寻求更好的生活条件，低出生率、农村人口老龄化问题日益突出。

2015 年，全国乡村 65 岁及以上老龄人口占总人口的比重高达 12.5%，比城镇高 2.9 个百分点。2017 年，在全国人口中，60 周岁及以上人口 24090 万人，占总人口的 17.3%，其中 65 周岁及以上人口 15831 万人，占总人口的 11.4%。60 周岁以上人口和 65 周岁以上人口都比上年增加了 0.6 个百分点。预计到 2020 年底，老年人口将达到 2.48 亿，老龄化水平达到 17.17%，其中 80 周岁以上老年人口将达到 3067 万人；到 2025 年底，60 周岁以上人口将达到 3 亿，

我国将成为超老年型国家；在 2040 年我国人口老龄化进程达到最大值以后，即将进入减速时期。

目前，我国社会的人口老龄化程度不断提高，对我国社会、经济等各行各业的发展有着很大的影响。从总体来看，我国的人口老龄化问题的成因应该从多方面来分析。①计划生育政策的实行使我国人口的生育率降低；②由于我国经济社会发展水平不断提高，我国养老基础设施不断完善，老年人拥有更好的养老条件；③随着科学技术的发展，现代医学科技水平的不断提高，老年人的平均年龄也在不断地增长。虽然影响我国人口结构比例发生变化的因素有许多，但是我国社会的老年人口比例不断上升，人口老龄化问题日益突出，却是由于地区间发展不均衡所导致的。

三、农村人口年龄结构的变化对农村经济发展的影响

（一）人口老龄化影响经济增长

人口老龄化具有自身的客观规律性，不以人的意志为转移，人口老龄化是人类再生产的必然趋势。伴随生产力发展及社会发展水平不断提高，死亡率在下降之后，出生率也不断地降低。出生率和死亡率从相对高变为相对低的过程被称为人口转变。人口年龄结构在人口转变发生后随之也发生了变化。当前的农村人口年龄结构变化主要具有人口年轻化和人口老龄化双向发展的趋势。进入老龄化阶段后，由于劳动年龄人口可能考虑到老龄化社会的养老负担将会在年轻的时候增加储蓄，为整个社会的财富积累提供了条件，同时由于有效劳动力数量的下降，每个劳动力的生产资本得以提高，即人均资本进入了一个快速增长的时期，并且会保持在一个较高的水平，由此也会持续很长一段时间，继而不断地推动经济向前发展。在经济全球化逆流涌动、各种影响我国经济发展的因素，如中美贸易摩擦升级以及我国制造业比较优势下降等因素交错作用，我国的投资需求在长期发展中也将进入一个常规增长的周期。因此，接下来拉动我国经济增长的主要动力将会是消费需求，其中老年人作为我国拉动消费的主力军，将会发挥着不可忽视的作用。

（二）抚养比的改变影响人口红利

社会追加的人口生产是经济增长的一个关键性因素，即人口红利。其影响经济发展的三个机制为劳动力供应、储蓄率和人力资本。一般来说，经济运行的体制比较成熟完善的发达经济体，往往走在技术创新的前列，而每一个 GDP

百分点的增长需要依赖于全部要素的生产进步以及生产率的提高。因此，经济增长速度不会过快。而中国在到达最终阶段之前，仍然需要清除多种障碍。换句话说，尽管不需要追求超过潜在增长率的发展速度，但是潜在增长率是可以通过全面深化改革来提高的。这就是获得改革红利的过程。

首先，由于被抚养人口不可以成为劳动力，因此少儿和老年人口比重升高，农村劳动年龄人口比例降低，将增加社会抚养负担，提高消费率，降低储蓄率；反之，则减轻社会抚养负担，降低消费率，提高储蓄率。其次，在资本水平没有改变的情况下，利率水平的提高或降低由劳动力均衡水平决定。被抚养人口比例升高，劳动年龄人口比例降低，也会降低均衡利率水平，减少当期储蓄数额，增加未来储蓄数额；反之，将增加当期储蓄数额，降低未来储蓄数额。最后，在资本保持不变的情况下，均衡工资的增加或减少由劳动力均衡水平决定。被抚养人口比例提高，劳动年龄人口比例下降，将提高工资水平，促进消费水平，降低储蓄水平；反之，将抑制消费水平的提高，促进储蓄水平的提高。人口年龄结构的变化同时也会导致国家财政资金的倾斜。为保证社会经济平衡发展，国家需要保持财政预算的平衡。由此会引发社会税率水平、消费储蓄水平的变化。并且人口年龄结构转变也将会影响储蓄率，而它的主要影响方式是通过改变抚养比等，进而影响投资即资本积累水平，而资本存量的变化将直接影响经济增长速度。

第二节　农村金融结构

农村金融结构的进一步优化和完善，可以显著提升农村经济增长速度，并使"三农"问题得到有效解决。另外，迅速发展的农村经济又进一步推动了金融机构优化。农村金融机构与农村经济发展是相互依存、不可分割的关系。

一、农村经济发展和农村金融结构变化之间的关系

（一）农村经济发展有效推进金融结构的转变，金融结构的变化紧随经济增长态势

从经济学角度来看，金融结构的调整与经济的发展二者之间具有双关性。也就是说，这两者之中任何一方发生变化，不仅会导致另一方发生变化，而且会使这个变化反作用于自身。由此，可得出农村金融机构的发展可促使农村经

济结构、农村经济总量、农村经济形态发生相应的变化的结论。最近几年，我国非常关注"三农"问题，不断出台各种支农政策，从而使农村经济的发展保持了良好的势头。另外，现代农业的兴起、农业机械的普及，以及与农产品相关的产业链的延伸，又为农村经济的转型提供了强有力的保障。在这个过程中，农村经济对于发展资金的支撑提出了更大的需求，而政府提供的专项拨款却又非常有限。在这种情况下，适应农业经济发展需求的多种形式的农村金融服务机构产生和发展了起来。

农村信贷服务机构的出现是农村经济发展的必然结果，同时也助推了农村经济的飞速发展。这是因为，农村经济发展过程中的借贷问题，不再依赖于单一的政府拨款才能得以解决。农村金融机构为农民融资提供了非常便捷的平台，农村金融机构的建立使得农民树立了现代金融理念。多种类型的金融服务机构不仅为农村经济的发展提供了足够的资金保障，而且促进了农村金融市场体系的进一步改善。

（二）农村金融结构变化将为经济增长提供必要条件，金融机构的变化与经济发展的趋势相一致

一直以来，农村经济表现出发展滞后的特点。这也使得农村金融市场的发展非常缓慢。在计划经济体制下，农村金融市场基本上处于未被开发的状态。这种情况与农村经济的封闭性有直接的关系。现代经济学指出，金融结构的调整能够直接制约经济发展，而经济发展又会反过来促使金融结构不断优化与完善。

在市场经济体制下，经济结构的不断完善以及经济总量的逐步增加，对金融市场提出了更大的服务需求。在这种状态下，金融市场开始调整对金融资产的配置，推出了多类型的金融服务机构，并渐渐提高了金融服务效率，从而促使农产品市场逐步发展成熟。同时，农村金融机构及其服务网点的建立，使农村经济得到了有力的资金保障，提高了用于发展农村经济的资金周转率，降低了资金周转的时间成本和人力成本。另外，越来越全面的金融产品服务，使金融机构具备的功能由单一的储蓄功能扩展为信贷、融资、转账、担保等多元化服务功能。农村金融服务体系的完善以及服务产品的创新，是与农村经济的发展相适应的，二者相得益彰，共同进步，具有较高的关联度。

（三）金融结构变化可以有效应对农村融资供需方面出现的问题，推动农村经济快速发展

农村金融机构将农村经济发展作为基础。农村金融机构发展壮大不仅促进了农村经济的结构调整，而且为农村经济发展提供了有效的资金支撑和信贷支撑。长期以来，不健全的农村金融服务体系，以及落后的农村基础设施，一直在制约着农村经济的发展。在市场经济体制下，不断得到调整和优化的金融结构，使农产品的交易市场更加开放，并迅速加快了农村的市场化进度。自给自足的小农经济逐步退出农村发展的历史舞台，市场则成了农村经济发展的主导者。而尤为重要的是，为了适应农村经济的发展，减少农村融资供需矛盾，农村金融服务市场不仅在逐年加大资金配置力度，而且其服务效率也在同步提升。

二、农村经济发展影响农村金融结构变化的具体表现

（一）农产品自身属性展现出农业产业的弱质性特点，外界环境变化将对农产品产生影响

首先，农业产业自身呈现出较弱的经济特性。自古以来，农产品就对自然环境具有较强的依赖性。可以说，气象、气候、土壤等自然因素直接决定了农产品的生长。因而农产品会面临无法被人力消除的自然风险。例如，温度反常、干旱、洪涝、霜冻、冰雹等都会直接制约着农业生产，使农村遭受经济损失。而这些自然条件是无法运用科技手段得到改善的。由此可以看出，相对于其他产业，农产品的市场风险是非常高的。其次，在产业链结构中，市场对原料和食品的定位，又决定了农产品的需求层次。因而，农产品的需求空间较小。面对扩张较小、弹性不足的状况，如果农产品的供求平衡被打破，在交易终端就必然会出现产品产量不足或者产量过剩的状况。尤其需要注意的是，农产品中生鲜类产品通常会受到时间、空间、温度等因素的限制。这非常不利于及时交易，而且会产生较大的损耗，对农产品及时变现产生了十分不利的影响。最后，由于农产品的生产具有周期性，而且其供求状况往往不能得到市场的及时调节，从而导致供需矛盾被激化、农产品市场发展畸形。农产品的低收益与其自身的附加值较低有一定的关系。以上种种因素导致了农产品具有相当大的不稳定性，在 GDP 中，农业经济所占的比例最低。而这种特性又给农村金融机构的发展产生了一定影响。

（二）农村金融生态环境恶化，出现较高的不良贷款率以及信用盲区

我国农村金融机构呈现出跨越式发展态势。虽然农村存贷款比例以及贷款规模都在逐年增大。但是受制于不稳定的金融生态环境，违约以及贷款逾期不还等现象也在逐渐增多，从而阻碍了农村金融机构的健康发展。与城市相比，农村金融环境具有这样的特点。一是不健全的法制环境，使金融债权得不到正常保护，农村企业以及农户经常发生恶意贷款行为。这也是导致金融生态环境恶化的主要原因。二是征信体系不完善，无法甄别某些借贷行为和借贷者身份，进而导致不良贷款现象增多和金融风险加大。三是农村金融与农业经济的不平衡发展，影响了惠农资金的正确流向。大多数资金被注入乡镇企业或其他行业，而农业机械和基础设施的建设却得不到资金保障。

三、农村金融结构优化对农村经济发展产生的影响

（一）多种金融机构呈现出协同配合的发展态势，为农村产业发展给予多方面支持

农民收入的增加、农村经济的繁荣以及"三农"问题的有效解决，都离不开农村金融市场的发展。农业是我国的第一产业，在当前新的历史时期表现出了多元化、复杂化和特定化的金融需求。所以，在完善农村金融体系的过程中，必须形成农村经济领域全覆盖、有侧重的，并且多个金融机构共同合作的农村金融服务格局。

在以上格局形成的同时，农村金融机构还应当承担一定的政治任务，与当地政府携手，积极推出惠农政策，不断拓宽服务范围，更新服务产品，为农村基础设施建设、基层公共服务设施建设、粮油收购工作的开展提供大量资金。农村邮政储蓄银行依靠其服务网点数量多、覆盖率高的优势，保持了较快的储蓄资金的回流速度。国家应放宽农村金融机构的准入条件，大力扶持村镇银行、村镇信贷合作社等多种金融服务机构，鼓励其增加服务网点，创建多种类型的金融机构服务平台，同时还应当创建农业保险体系，在农村经济中注入商业保险的概念。另外，在农村经济发展中，逐步开辟与农产品相关的期货市场，使农村发展完全实现市场化。而农业银行和农信社等服务机构应当充分发挥和不断完善扶贫功能。

（二）迎合市场需求，适应农村经济发展

农业一直以来是我国第一产业，也是基础产业，农村经济的发展对于促进社会主义建设、提升综合国力都具有十分重要的作用。多年来，我国始终关注农民的生存与发展，致力于采用多种措施来解决"三农"问题。中央一号文件提出，各个省区要及时推出联保、信用和小额贷款，以满足不断增长的农村经济发展的多元化需求，同时还应当积极鼓励各类农村金融服务机构提升服务质量、创新服务产品，进而促使农村信贷市场逐步发展成熟。此外，农村金融服务机构在性质上不应当等同于其他金融机构，而应该成为政府的有力助手，按照国家政策要求，为解决农村"三农"问题及时推出各类惠农产品。金融服务工作者更应该重视理论联系实际，不断深入农村搞好市场调研，充分把握当地农民的贷款需求，从而设计出有特色有针对性的服务产品。各类金融机构既要有各自的服务特点，又要加强彼此的沟通与合作，并着眼于农村土地流转，为广大农户提供租赁业务。

（三）放宽农户贷款申请限制条件，注重小额贷款业务的开发与运用，促进农村经济发展

在新的时代背景下，农村金融机构应当为广大农民提供更加贴心的服务，放宽对农户提供贷款的条件，在控制放贷风险的基础上，允许农户以抵押土地经营权的方式获得足够的贷款。另外，农村金融机构在市场调研的基础上，应当面向农民提供小额贷款服务，并使家庭承包责任制与资本优势挂钩，确保资金回流得到保障，创建并完善以农村自治机构和当地政府为主的资金担保机制，搭建可供农户获得贷款的服务平台。

综上所述，农村金融机构可为农村经济的发展保驾护航。但是，当农村金融机构的发展与农村经济的发展不能保持同步时，必然会导致资金供需不平衡。因此，要想使农村经济保持稳定的增长势头，必须创建一套具有适应性、全面性和科学性的农村金融服务体系。

第三节　农村土地制度

自新中国成立以来，我国土地制度发生了若干次变化，国家与农民的土地权利的分割比例也在不断发生变化。随着国家权利的逐步退出以及有限的让渡，农民有更多的机会和可能从事除农业外的其他产业。因此，农村的经济结

构也发生变化，开始向多元化经济发展。

　　土地作为最基础也是最重要的生产资料，其经营和所有方式无论是对宏观层面的经济运行还是微观层面的企业经营都至关重要。我国在历史上经历了漫长的地主土地私有制阶段。封建土地私有制贯穿于我国封建制度发展的整个历史过程，其小农经济特征也造就了我国农村长期以农业生产为主，家庭手工业为辅的经济结构。新中国成立之后，我国的农村土地制度几经变革，农村经济结构也随之发生变化。

一、农民土地所有制阶段：单一的农户家庭生产

　　新中国成立之时，所确立的农村土地制度延续了建国之前在解放区所做的土地改革，不同之处是改革的区域更广泛，程度更深。1946 年，我国在解放区修改之前减租减息的政策，《关于清算减租及土地问题的指示》以及《中国土地法大纲》两个文件确立了农民土地所有制。这两份文件在解放战争中起到了决定性的作用，一方面解决了解放区的粮食生产问题，提高了农民的种粮积极性，为战争提供了有效的军需供给；另一方面为共产党赢得了民心，为战争胜利获取了广大的群众基础。

　　1950 年，为了彻底消灭封建制度的经济基础，我国颁布了《中华人民共和国土地改革法》。其规定将原来的属于地主的土地没收，将这些土地分给无地、少地的农民，用以改变原来土地过分集中于某几个大户的状态，改变长期以来土地兼并的状况。但是，由于人的本性有懒勤之分，虽然颁布了该土地法，但是经过一段时间之后又出现了土地兼并的情况。并且，由于当时工业化发展的迫切需要，国家需要获取更多的农业剩余。因此，为了彻底解决我国长期以来存在的土地兼并问题，也为了从马克思主义社会主义国家建设的角度考虑，在经历了短期的农民土地所有制之后，我国又开始进行新的土地制度改革。

　　从新中国成立到1952 年"三大改造"完成期间，我国在农民土地所有制的情况下，完成了经济恢复工作。这一时期的农村依旧是人们的主要生活、生产场所。这一时期的农村经济依旧是以一家一户为单位的小农经济。相关调查数据显示，我国粮食作物的播种面积从 1950 年的 1.144 亿公顷增长到 1952 年的 1.24 亿公顷，增长率达到 8.3%。这就充分证明了，农民土地所有制是符合当时生产力发展水平和社会发展状况的，能够极大地促进和解放农村生产力。这种单一的家庭农户生产，在我国长期的历史时期内都存在。农户对其认同感较强，且明确的土地产权让农民有更高的劳作欲望。不可否认的是，尽管小农

经济的脆弱性和风险性较高，但是就其能够使农民拥有对土地完全的产权这点来说，小农经济还是非常具有诱惑力的。农民在自己的土地上耕作，收益由自己支出，真正实现了耕者有其田。

二、社会主义集体所有制阶段：集体农业大生产

从 1951 年底开始，我国就针对当时已经发生的土地兼并的情况以及获取农业剩余进行了详细的讨论，最终确立了将农民土地所有制转变为社会主义集体所有制的方针。但是该工作并不是一蹴而就的，以生产合作深入的程度为标志可以将其划分为两个阶段。首先，允许农民以土地入股等方式加入生产合作小组或合作社。我国于 1951 年 12 月颁发的《关于农业生产互助合作的决议（草案）》中明确鼓励各地发展互助组和试办初级合作社，鼓励和允许农民以自己的土地合理做股加入生产合作社，以保障入社土地不会被兼并。此时的农村土地制度依旧是农民土地所有制。在这种情况下，土地由集体统一管理。农民虽然在法律上依旧拥有对土地的一系列权利，但是在互助过程中，这一系列权利都被慢慢消解了。在初级农业生产合作社中，农民不再拥有土地的使用权和分配权，除自留地之外的所有土地的使用均由集体决定，土地的产出也按照入股土地的数量和质量进行分配。

在经历了一年多的实验阶段之后，我国的农业合作化已经发展到第二阶段，即农业生产合作高级社阶段。该阶段以 1955 年颁布的《关于农业合作化问题的决议》为标志。该阶段已经有明显的集体所有制色彩，土地及其所属的水利设施均归集体所有，劳动力、牲畜、生产工具等均由生产队负责统一支配。至此，农民失去了土地的所有权，社会主义性质的集体土地所有制得以确立。

需要明确的是，我国的集体土地所有制表现最突出的阶段并不是农业合作社时期，而是人民公社时期。在合作社时期，拥有土地的集体仅仅干预到经济生活的部分；而人民公社时期的集体则涉及经济、社会两大领域，人民公社成为一级基层政权单位。原本在合作社时期被允许的私养牲畜和保留自留地在人民公社时期都被取缔。之后由于三年自然灾害，我国发生农业危机和大饥荒。国家不得不对现行的农业政策进行调整，对所有权单位进行权力下放，在"农六十条"中明确"三级所有，队为基础"的生产方式。

相关调查数据显示，我国的农村合作化几乎是暴风骤雨式的。农民土地所有制存续时间很短，到 1956 年底，全国总农户的 96% 都参加了高级社；1958 年底，全国的 74 万个农业生产合作社被改组为 2.6 万个人民公社。在这样的体

制机制下，农村的经济生产方式由原来的一家一户的小农户生产转变为集体化大生产。集体化大生产有可取之处，但是严重超越了当时生产力的发展水平，由其带来的平均主义极大地打击了农民的劳动热情，并且存在较高的监督成本，对农业生产带来了破坏性的影响。在 1958 年到 1978 年的人民公社时期，我国农业总产值年均增长率只有 2.6%。此外，我国在 1956 年起设置了限制城乡流动的严格的户籍管理制度，阻断了城乡劳动力交换，造成了我国特有的城乡二元结构。通过控制城乡收入分配，我国快速建立起了门类齐全的城市工业部门，而农村只能固守农业，为城市经济建设提供原材料。在这一时期，我国农村是不能进行工业化生产的，连原本零散存在于个体小农户的家庭手工业都被阻断了，农民只能依靠种地获取工分，进而换取粮食和其他生活必需品。

三、家庭联产承包责任制阶段：农户家庭生产与乡镇企业的工业生产并存

20 世纪 70 年代末，由于我国长期经济没有得到更好的发展，城乡人民都具有迫切要求改革的愿望。安徽凤阳小岗村敢为人先，首开先河。在上级政府默许，农民自发主动的情况下，创造性地使用了承包到户的方法。在不改变土地所有权的情况下，该村将土地以承包的形式分配到户，每户拥有土地的使用权。在耕作之后所获得的收益，除了要上交给集体的公粮和各种农业赋税外，其余都归农户所有。这就极大地调动了农民的生产积极性。中央在持默许观望态度之后，终于在 1982 年 1 月的《全国农村工作会议纪要》中肯定了该种做法，并在次年的中央一号文件中对该种做法进行了理论总结，在 1983 年的《当前农村经济政策的若干问题》中正式确立了家庭联产承包责任制，并在 1984、1993 和 1997 年分别延长了承包年限，以维持农民的种粮积极性。

家庭联产承包责任制其实是国家对农民土地权利的让渡。在经历了 20 余年的集体化时期后，我国的农业生产并没有得到充分发展，国家对农民土地权利的入侵导致了农民生产积极性不高，生产效率低下。家庭联产承包责任制的有限退让是为了让生产关系更好地与生产力状况相适应。在家庭联产承包责任制下，农民虽然没有名义上的土地所有权，但是农民有承包权，农民必须管理好自己承包的土地，避免了搭便车的行为。土地依旧归集体所有的性质又保证了我国社会主义的性质不发生改变。这种统分结合的管理模式使国家、为农户都妥善解决了问题。我国农业又迎来了一个新的生产增长高峰，粮食产量不断增长。此外，在确立了家庭联产承包责任制之外，国家还颁布了一系列法律法规鼓励发展乡镇企业，改变了我国农村长期只有单一农业的状况。

四、三权分立状态下的中国特色土地制度阶段：农业产业化与第二、三产业并存

在新的历史条件下，农村又出现了新的经济问题。城市在经济飞速发展的同时，吸引了大量农民工进城务工。同时城市更优越的生活环境、更便利的交通、更丰富多彩的生活、更优质的教育和医疗都引发农民工产生留在城市的强烈愿望。因此，农村的村民越来越少，农村也出现了抛荒、撂荒等现象。由于在新中国成立后的几十年中，我国农村土地制度几经重大变革，最终形成了土地产权、土地承包权和土地实际经营权相分离的具有中国特色的社会主义土地制度。中国共产党第十八届中央委员会第三次会议审议并通过了《中共中央关于全面深化改革若干重大问题的决定》，明确地赋予了农民的土地的财产权利。该文件中针对土地的条款对农村经济产生了重大影响。

首先，符合相关规定的农村集体经营性建设用地可以入市。在我国长期的城乡双层结构体制下，城市土地和农村土地在一开始就被赋予不同的意义。根据我国宪法的规定，城市的土地属于国家，农村的土地归村集体所有。从城市经济改革开始，城市土地就可以通过招、拍、挂等方式进入经济市场，而农村土地则被严格束缚住。这主要是从农村土地保护粮食安全的角度出发的，但也确实为农村集体经济创收带来了一些问题。在经过了长时间的学术探讨和理论研究之后，我国部分地区的农村集体经营性建设用地开始入市，以浙江省义乌市为代表的一部分地区在这方面做出了有益探索。允许农村集体经营性建设用地以招、拍、挂方式入市，一方面盘活了农村的土地，实现了土地资源的合理配置，另一方面则直接增加了村集体收入，为村集体的其他方面建设提供了资金。从义乌市农村集体经营性建设用地入市的相关数据看，土地拍出总价超过600万元，极大地增强了村集体经济实力。

其次，土地的承包经营权可以抵押、担保和入股以发展农业产业化。第一，在原来的农村土地制度中，对土地承包权规定过死，导致农民进城打工后出现了严重的土地抛荒、撂荒现象，对我国的粮食安全产生不利影响，也造成了土地资源的闲置和浪费。第二，对土地承包权的管理过于死板也是对农业产业化的一种影响。有经营欲望的农民由于自身资金的限制不能进行大规模的产业化生产，从而造成资源不匹配。该项政策既可以方便农民获得金融支持，又可以让土地的股份连接成为可能。第三，我国规定承包权作为物权不能抵押，在法律上维持了原有的结构体系，符合法理精神，同时也消除了农民失去承包权的可能性，为经营不善的农民提供最后一层保障。自该政策实施以来，多地对农

村土地合作社进行了有益尝试。最主要的入股方式有两种：一是以单纯的土地经营权入股，二是以折价后的土地承包经营权和技术、资金同时入股。无论是哪种方式，都可以实现转化过后的产业化经营。根据左停老师的调查，我国农业生产大户、合作社数量呈几何倍数增长，无论是合作社的数量、规模都明显增加了。

最后，允许房屋住房财产权抵押、担保和转让。该政策为农民增收开辟了新道路。随着经济的发展，我国的乡村成为国民旅游的重要目的地，但是农村在提供住宿、餐饮等方面存在不规范的问题，使游客的旅游体验较差。在该项政策的号召下，大型经济组织、大公司，以及有经济实力的个人可以以资金换取农民的房屋住宅财产权。近来的"民宿热"就可以体现这一点。

正是在这种土地制度的框架下，我国农村呈现出百花齐放、百家争鸣的局面。农村不再是单纯的农业一家独大的局面，也不再只有高耗能、高污染的重化工企业，旅游企业、餐饮企业以及特色民宿都遍地开花，提升了农村产业的多样性，增加了农民收入。我国土地制度的演变过程，实质上是国家与农民土地权利的分割过程。在此过程中国家先让渡所有权利让农民土地所有制成立，后来对权利进行回收，至公社时期完全收回。此后，由于"一大二公"的经济制度超越了生产力的发展水平，导致农村经济发展停滞。国家开始逐步退让权利。伴随着国家权利的退出过程，农村的经济结构随之发生变化。目前，农村正在吸引更多的产业加入，慢慢成为多元化经济的发生地。

第四节　农村劳动力外流

近年来，农村劳动力外流速度变慢，但农村劳动力在城市高收入的吸引下，放弃原本的务农实现利益追求的现象仍没有发生根本性变化。在当今国内外形势下，留守农村本土只会使得人民的生活日益艰难。

一、农村劳动力外流的原因

（一）改革开放的制度效应

改革开放以来，特别是市场经济的发展，促使社会各种资源得到有效配置。20 世纪 80 年代初即改革开放初期，中国农村推行联产承包责任制。这一方面提高了农业劳动生产率；另一方面又给了农民自由支配自己劳动力的权力，给予农村农民土地的流转权力，强化了农民与土地的分离，显化农村潜在剩余劳动力。20 世纪 80 年代中期，国家放松政策，允许农民自理口粮、自筹资金到集镇就业落户；粮食生产的发展，显化粮食市场逐步放开。这些强化了农村劳动力外流需求，使农村劳动力在就业、生存上的限制逐渐减少，进而促进了农民与土地分离。另外，特别是近年来，城镇中对住房、医疗、教育等福利和保障体制的改革，又使人们生活中的商品与货币关系发生了新的变化，减少了农民在城镇中就业和居住的实际限制条件，从而使农村劳动力外流在政策上得到保障，使农民能够较为自由地向外流动。可以说，一旦城镇中农民生存的限制条件被取消，农村劳动力外流就会开始出现。

（二）公共服务不完善导致农村劳动力外流

与城市相比，农村公共服务还不够完善。农民无法得到与城市居民平等的权利和待遇。农村基础设施建设、教育、医疗等公共产品长期处于低供给状态。道路泥泞、文化和娱乐设施缺乏、白色污染等现象在农村比比皆是。极个别的农村若是有比较健全的公共产品，要么是作为示范区进行重点筹建，不具有代表性；要么基本上也是农民自己筹资建设的，或是私人筹办的。但是，私人由于知识、资金、技术、管理等诸多方面的不足无法提供足够的、高质量的公共产品以满足农村对公共产品的需求。随着我国经济的快速发展，我国经济实力逐步增强。政府有能力逐步向农村提供公共产品，如近年来农村道路硬化、卫生池的建设等都属于公共产品的提供范畴，而且提供范围遍及广大农村地区。近些年来，农村"硬公共产品"的提供情况有了很大程度的改善，但是农村"软公共产品"的供给还不到位。

（三）生产要素投入的减少造成农业发展的后劲不足

农村基础建设差不利于投资，无法产生规模效应，抑制了对农业和农村经济投资的实际有效增长。同时，经济的高速增长使非农用途的资金对农业的排挤效应明显增强。部分农业大省的调查结果显示，2006 年以来农用资金"非农化"现象严重，资金分流渠道增多，资金分流非农化比例增大。目前，资金分流表现形式包括：在资金分配和使用中各环节、各渠道的截留和挪用；在资金使用过程中受利益调节造成的趋利分流；农村资金重新流入城市和非农业的逆向式分流等。特别严重的是农业主要产区的农业投资普遍减少。这对农业的持续发展非常不利。随着国家投资体制改革的深入，农业始终是投资回报率低的产业，难以调动农民的积极性。另外，农业生产现代化物资供应紧缺，旧时代的农业生产已经完全不适应现代市场竞争，农业生产的环境进一步恶化。

二、农村劳动力外流对农村经济发展的影响

农村劳动力是农村和城市发展最主要的劳动力主力军。农村劳动力的外流对农村经济的发展既有有利的一面，也有不利的一面。

（一）农村劳动力外流对农村经济发展的正面影响

1. 促进农业土地政策和生产方式的转变

近年来，大量农村劳动力外流，而且务工收入大于种田收入，使得农村出现大量转包或委托管理责任田的现象，农业集约经营初显规模。土地再承包使家庭联产承包责任制受到挑战。世界银行在中国部分省份的一项跟踪调查结果显示：20世纪90年代，大约7%—8%的农户有土地转包的行为，到21世纪初，上升到15%左右。2008年10月，中国共产党第十七届中央委员会第三次全体会议通过了《中共中央关于推进农村改革发展若干重大问题的决定》。该文件指出：农村土地政策调整要按照"产权明晰、用途管制、节约集约、严格管理"的原则，进一步丰富完善土地管理制度。由此可见，现阶段农村家庭联产承包制依然是必须坚持的，但是农村劳动力外流，使农村耕地规模化经营方式的出现成为可能。"用途管制"的提出为今后土地制度改革开辟了道路。

2. 增加了农民收入，促进农村经济发展

从实际情况来看，大多数省市的农民纯收入中工资性收入已成重要组成部分。2012年，广西壮族自治区钦州市浦北县农民外出务工所得工资性收入为3570.43元，同比增长35.24%。工资性收入占农民人均纯收入比重达48.72%，工资性收入已成为农民人均纯收入的主要来源。而且，有关的实证研究结果表明，这种趋势还没有发展到顶点，还会持续较长一段时间。这一情况的发生使得农村在务工收入提高的情况下能够更好地发展本土经济。一定数量的外流劳动力返回资金可用于发展农村地区的第二、三产业，推动农村地区的产业结构变化，改变经济格局，为农村劳动力创造更多就业机会。在农民收入比重中，工资性收入提高。农民在扣除在外一定的消费之后基本会将收入储存起来。对于这一部分储存起来的收入，农民一般会在过了打工期之后再用。例如，工作四五年之后买车、买房或者结婚，或者为孩子以后读书留着。这些收入有利于促进乡镇企业的生产，为乡镇企业的进一步经营提供后续动力。

（二）农村劳动力外流对农村经济发展的负面影响

农村劳动力外流在对农村经济发展影响产生正面效应的同时，也会产生一些负面效应。其负面影响是不容忽视的。

1.导致一系列社会问题产生

一是农村劳动力外流，改变了原来农业生产经营状况，单从人力数量上讲，就会降低农业生产力，造成部分土地被抛弃闲置，农村经济出现凋零趋势。二是"老弱病残"人员成"留守大军"。外出务工者子女一般由爷爷奶奶负责照顾。这种隔代教育往往存在任孩子随意发展的情况，由此导致对下一代的早期教育存在严重问题，如溺爱过度、管制不足等。同时，家庭老年人在生活和精神上都比较孤独和寂寞，缺乏必要的儿女的关爱。这些都将成为新的社会问题。此外，"留守大军"的组成结构使得村民缺乏法制观念，也无能力有效应的应对违法犯罪事件和抵制违法犯罪行为。这导致农村治安环境恶化，刑事案件数量呈增长趋势。例如：2014年，河南省商丘市淮阳区大朱庄村出现偷盗、诈骗案件达14起，造成经济损失达21万余元。三是精神文化生活贫乏。由于没有青年一代的阳光与活力，农村易出现精神文化贫乏、传统封建观念盛行的现象。

2.盲目、短期的行动效应不利于农民、农村长期发展

一是农村劳动力外流无法使得农村工业化、产业化成为可能。从长时间发展角度来看，这是不利于农村地区发展的。农村劳动力外流主要以牺牲农村的长远发展为代价来促进城镇发展，拉大了城乡之间的差距。二是劳动力外流创收具有短时间行动性，机会成本后期相对高昂，其产生的负面影响将是深远的。三是现有农村土地规模经营缺乏效率。相关的国内调查证实，在现有的条件下扩大农业生产范围并不会提高农业生产率。很多人是靠粗放经营乃至是掠夺性经营获得暂时的高收入的。四是外流劳动力回流创办、领办乡村企业也会产生一些短时间行动效应。部分地方在不具备资金、技术、信息、市场、治理、人才等组合条件的情况下，不斟酌宏观环境因素影响等，盲目发展，酿成的损失也很巨大。

三、弱化农村劳动力外流负面影响的举措

我国是一个农业大国，农村劳动力外流将会持续相当一段时间。如何减少农村劳动力外流所产生的负面影响，寻找未来农村劳动力外流的方向与途径，为国家进行政策性引导，对合理利用农村劳动力、处理农村劳动力外流、解决"三农问题"有着重要的现实意义。

（一）彻底破除二元结构体制

农民转移问题单靠农民自身的努力是无法得到根本解决的，按照经济基础决定上层建筑，上层建筑反作用于经济基础的原理，减少农村劳动力外流所产生的负面影响的重要途径是转变政府职能，转变上层建筑结构，从而反作用于经济基础；根本在于彻底打破城乡二元经济结构体制。二元经济结构体制使得农村居民无法平等分享城市建设所取得的一系列成果。只有摆脱二元经济结构体制的束缚，使农村居民也可以享受到与城市人口相对等同的公共服务、医疗卫生、基础设施等条件，加强农村公共服务等各项农村公共建设，才能留住农村劳动力，使其为自己的家园建设做出一份贡献，以促进农村发展。

（二）增加农民土地收入

我国应结合农地经营改革的摸索实践，基于马克思的地租理论，从制度改革角度建立地租的分享机制，从农民和投资经营者双方利益的平衡和博弈中探讨适应市场规律的农地使用权的定价基础，寻求改变现有农地经营模式、促进农地流转的有效途径。我国也应当努力促进农地使用权的流转，提高农地使用权价格，刺激农地投资，特别是人力资本的投资；同时，积极推行农村税费改革，在我国农业生产效益比较低的情况下，进一步减轻农民负担，提高农业生产积极性，以促进农业发展。这对农村劳动力的回流有很大的促进作用，有利于发展农村经济。剩余劳动力像一个巨大的"蓄水池"，它的外流能促进城镇和乡村的发展。但主要是城镇的发展，高素质农村劳动力"回笼"对于农村经济的发展有极大的促进作用。

（三）加大对农村的生产要素投入

农村生产要素极其匮乏，资金不足，技术落后。甚至现在，很多农村地区的农业都以人力、畜力为主，根本不能普及机器生产，农业收入十分低微。在外界高收入的吸引下，农民会主动放弃农业生产，转而外流进入城市。要改变这种状况，必须加大对农村的生产要素投入，包括政策、人（如管理人才、技术人才等）、资金等，合理利用农村劳动力，留住本土人才。农村劳动力的外流很大一部分是纯体力劳动者的外流，但是农村缺乏懂知识、懂技术、扎实肯干的综合性人才。同时，单个农民个人资金的局限性使得小农生产无法被根除，使农民没办法获得农业生产的规模效益。因此，要着重加大对这些生产要素的投入，使农民真正觉得回到自己的家园是有利可图的，至少比外出打工更有利可图，从而促进农村劳动力回流，发展农村自身经济。

第五节　农村消费

有学者认为，我国城镇居民消费由"万元级"转向"十万元级"。我国农村消费市场难以启动，是阻碍目前经济发展的重要因素之一。我国农村人口占全国人口近 70%。农村是一个潜力巨大的市场。积极启动农村消费市场是助推经济发展的一条行之有效的途径。

一、消费的基本概念

人既是生产者，又是消费者。人的消费活动不仅是经济社会发展的动力，也是生产活动的最终目的。

（一）消费是构成社会总需求的最主要的部分

一个社会的总需求由投资和消费两部分构成。一般来说，消费的作用更具有决定性。消费是构成社会总需求的最主要的部分。在合理的经济增长率区间内，当消费需求旺盛时，经济增长率就会高，也就会使经济形势呈现良好的发展势头；而当消费需求不足时，也就是所谓"高积累，低消费"出现时，就很难拉动经济增长。

（二）消费问题是复杂的社会问题

消费问题不仅是经济问题，也是复杂的社会问题，它关系到社会的安定和人们的幸福，也从根本上关系到人对社会和自然的责任。马克思主义认为没有消费，人就失去了满足需求的动力，从而也就失去了发展的目的。一个社会消费规模和水平的提高，从根本上意味着社会需求的增长；相反，如果一个社会消费规模和水平降低，则会使生产在很大程度上失去动力和目的，从而导致整个社会发展的动力不足。

（三）消费需求决定着生产方式的提升

从某种意义上看，消费需求不仅决定着经济的增长，同时还决定着生产方式的改进。根据经济学的基本原理可知，消费是收入的函数，当一个国家或地区经济起飞以后，随着人民收入水平的提高，消费能力也应大大提高。此时，如果一味地依靠投资和出口来拉动经济增长，就不利于积极应对国际经济运行中的各种不确定因素，特别是在全球经济危机的情况下更是如此。

（四）消费是经济社会发展的重要牵引力和推动力

在现代社会，越来越多的人会通过新的消费观念和消费文化来感知社会的发展变化，消费生活中出现的各种问题也会迅速引起市场的反应甚至社会的波动。人们已经认识到，以往对消费问题陈旧和僵化的理解，影响了科学发展理念的确立，也影响了经济社会的全面协调可持续发展。只有努力提高最终消费率特别是居民消费率，使生产的产品更多地进入消费领域，才能在外部经济环境相对不利的情况下，避免国内经济发展大起大落的情况出现，真正实现经济发展的良性循环。

二、当前我国农村居民的消费情况

（一）农村居民消费增长缓慢

从改革开放后至今的整个经济发展的进程来看，我国农村居民消费总体上是呈现增长趋势，且未来增长空间巨大。虽然我国农村居民消费一直在增长。但是这些增长相对于我国巨大的农村市场而言是微乎其微的。在我国当前国情下，如何充分调动起农村居民的消费积极性，提高整体消费水平是我国目前面临的第一大难题。只有将这个问题解决了，我国才能进一步提升综合国力，变得更强大。

（二）落后的消费结构

消费结构是指居民日常生活中各种生活消费支出在全部支出中所占据的比重。由于收入、所处环境等存在差异，城乡居民的消费结构也存在着很大的差异。而农村居民消费结构的变化能够反映出农村居民生活质量、消费观念等的变化，进而反映出我国经济发展现状。虽然近年来我国农村居民的消费观念发生了很大变化，不再只顾着攒钱，而是开始学会了享受。但是从整体上来看，农村居民的消费观念仍较落后，消费结构仍滞后于城镇居民。

（三）城乡消费现状

1.城乡居民消费水平之比

居民消费水平是指居民用于满足人们享受方面的支出占全部支出的比重。从搜集的数据来看，我国城乡居民消费水平一直以来都有比较大的差距。

135

2. 平均消费倾向之比

简单来说，平均消费倾向就是消费在收入中所占的比重。根据各项有关数据可知，农村居民比城镇居民有着更加强烈的消费欲望，农村居民消费市场潜力巨大。

三、农村消费与经济发展

（一）消费与经济发展的关系

1. 农村消费与经济发展的内在联系

逐渐提高的消费水平代表着逐渐改善的生活水平。尽量满足居民的消费需求是我国目前需要做的。居民消费需求处于一个不断变化的过程中。它的变化又与经济增长的变化息息相关，会对经济产生抑制或者促进的效果。人们通过生产来发展经济，满足人们的各种需求，提高消费水平和生活水平。但是，随着生活水平的提高，人们渐渐地产生了新的、更高层次的需求。新的需求又会推动新的生产，从而不断促进经济发展。

2. 经济发展对农村消费的影响

生产、分配、交换和消费是社会经济运行的四大环节，四者互相作用、不可分割，且在经济发展中均有着举足轻重的作用。消费与生产联系紧密。具体表现在两个方面。一方面，经济发展带来一系列的机遇与挑战。在这种情况下，农村居民收入水平呈递增趋势，收入水平的提高又给农村居民的消费提供了动力与条件，也大大激发了农村居民对于消费品的需求，激发了他们的消费欲望。另一方面，经济发展并不仅仅是产出的增长，还包括产业结构和产品结构的优化。随着经济的发展，人们不仅仅只满足于对基本生活物资的需求，开始追求更高层次的享受，农村居民亦是如此。如今，农村居民的消费品种类越来越多，消费品的功能也更偏向享受、发展型，消费结构从低层次逐步向高层次迈进。

3. 农村消费对经济发展的影响

简单来说，消费带来了税收，为国家带来收入，而国家又将这些收入用于改进生产技术、发展各种产业中。农村居民在居民消费中扮演着非常重要的角色。因而他们的消费水平关乎经济发展。

（二）农村消费需求对经济发展的意义

目前农村市场正处在需求旺盛、快速生长的时期，到处充满着发展的机遇。

挖掘农村消费需求，使农村消费市场可以适当地与城市对接，刺激农村消费需求将会促进社会经济的发展。

1. 农村消费需求不足成为我国经济社会发展中的主要问题

社会总供给是指在一定时期内，一个社会可以提供的商品和劳务的总量。社会总需求是指在一定时期内，一个社会可以提供的商品和劳务的购买力，包括消费需求、投资需求、国外需求"三驾马车"。20 世纪 90 年代初，中国开始走向"买方市场"。1998 年，国家启动实施了积极财政政策等促进了投资和出口的快速增长。相关统计资料显示，农村居民的消费份额大幅下降。据专家测算，农村居民消费对经济增长的贡献率在 20 世纪 80 年代时为 35%，20 世纪 90 年代后降到了 20%。其主要原因是农村收入低下从而制约了消费。农村消费需求不足影响我国经济社会发展，因此国家高度重视"三农"问题。

2. 扩大农村消费需求是现阶段我国农村经济发展的内在要求

全面建成小康社会的重点、难点都在农村问题上。而我国消费需求不足问题突出，主要是农村消费需求严重不足。落实科学发展观，统筹城乡发展，推动社会主义新农村建设，是我国国民经济持续发展的内在要求。

第一，扩大农村消费需求是实现我国经济增长机制转变的根本出路。我国的投资比重之高，消费之低，在发达与发展中国家是罕见的。第二，扩大农村消费需求是加快实现我国消费结构升级，推动国民经济持续发展的现实要求。第三，扩大农村消费需求是当前落实科学发展观，建设和谐社会，加快社会主义新农村建设的根本要求。我国要坚持"以人为本"的理念，使城乡协调发展。如果农村群众看不起病、喝不上干净水等问题得不到解决，那么，实现全面小康就只是一句空话。

3. 农村消费需求是扩大内需的助推器，是拉动未来我国农村经济增长的最积极因素

在我国的 GDP 构成中，消费一直占 60% 左右，而在发达国家中，消费占 75%—80%。要赶上发达国家的消费水平，扩大农村消费需求是关键。据国家统计局测算，农村人口每增长 1 元的消费支出，将对整个国民经济带来 2 元的消费需求，我国目前家电市场在城镇已经趋于饱和。而农村却有巨大的消费需求潜力。正如经济学家所言"消费中国——需求创造未来"。

国民经济的增长主要靠内需发展。要想激活农民购买力、刺激其消费，就要将着力点放在开拓农村消费市场上。这是扩大国内需求的最现实有效的方法。而农村消费需求的巨大潜力必将促进经济发展。

第七章　农业产业转型与农村经济结构升级路径

第一节　大力推进农业产业结构转型升级

大力推进农业产业结构转型升级对于加快转变经济发展方式具有重大意义，是当前和今后时期现代化建设的一项重大任务。当前，我国应重点做好以下几项工作。

一、推动战略性新兴产业健康发展

一是做好统筹规划，调动各方的积极性，加速推进重大技术突破，加快形成先导性、支柱性产业，切实提高产业核心竞争力和经济效益。二是加大财税金融支持力度。按照加快培育发展战略性新兴产业的决策和规划，落实并完善财政、金融、税收等方面的优惠政策。继续安排专项资金，统筹推进20项重大产业创新发展工程和应用示范工程。三是完善市场培育、应用与准入政策。支持扩大节能环保、生物产业、新能源、新能源汽车等产品市场，继续做好"三网融合"工作，加快建立重要产品技术标准体系，优化市场准入管理程序。四是加快突破新兴产业核心关键技术。加大投入、依托企业、健全机制，整体推进电子信息、先进制造、节能环保、生物医药等领域技术研发，争取掌握一批具有发展主导地位的关键核心技术。同时，加强战略性新兴产业领域基础和前沿技术研究。

二、加快企业技术改造

一是加快推进技术创新和科技成果产业化，推动先进技术产业化应用。二是加快推广应用先进制造系统、智能制造设备及大型成套技术装备。支持重点企业瞄准世界前沿技术，加快装备升级改造，推动关键领域的技术装备达到国际先进水平。三是加快推广国内外先进节能、节水、节材技术和工艺，提高能源资源利用效率，提高成熟适用的生产技术普及率。四是着力推进精益制造，改进工艺流程，提高制造水平。五是深化信息技术应用，加快推广应用现代生产管理系统等关键共性技术，推进信息化和工业化深度融合。

三、鼓励企业跨行业、跨区域、跨所有制兼并重组

总体要求：要以科学发展观为指导，以产业结构调整为主线，以规模效益显著的行业为重点，坚持市场化运作，发挥企业主体作用，充分发挥政府引导作用，提高产业集中度和资源配置效率，提高国际竞争力，推动重点行业健康有序发展，加快经济结构调整和发展方式转变。

一是坚持市场化运作，发挥企业主体作用。充分发挥市场的基础性作用，遵循经济规律和市场准则，尊重企业意愿，由企业通过平等协商，自愿自主地开展兼并重组。二是完善政策措施，发挥政府引导作用。完善相关行业规划和政策措施，努力营造有利于企业兼并重组的政策环境。完善企业兼并重组服务管理体系，努力消除制约企业兼并重组的体制机制障碍，规范行政行为。三是推动体制创新，加快转型升级。支持企业通过兼并重组完善治理结构，增强技术优势，开展管理创新，加强品牌建设，淘汰落后产能，提高国际竞争力，推进转型升级。四是实行分类指导，促进大中小企业协调发展。结合行业自身特点和企业实际情况实行分类指导，促进各种所有制企业公平竞争和优胜劣汰，促进大中小企业协调发展，形成结构合理、有效竞争、规范有序的市场格局。五是加强统筹兼顾，维护企业、社会和谐稳定。严格执行相关法律法规和产业政策，兼顾国家、地方、企业和职工的利益，依法维护债权人、债务人和企业职工等利益主体的合法权益，促进社会和谐稳定发展。

四、进一步发展壮大服务业

要立足我国产业基础，发挥比较优势，以市场需求为导向，突出重点，引导资源要素合理集聚，构建结构优化、水平先进、开放共赢、优势互补的服务业发展格局。一是要加快发展生产性服务业。围绕促进工业转型升级和加快农业现代化进程，推动生产性服务业向中、高端发展，深化产业融合，细化专业分工，增强服务功能，提高创新能力，不断提高我国产业综合竞争力。二是满足人民群众多层次多样化需求，大力发展生活性服务业，丰富服务供给，完善服务标准，提高服务质量，不断满足广大人民群众日益增长的物质文化生活需要。在巩固传统业态基础上，积极拓展新型服务领域，不断培育形成服务业新

的增长点。从促进消费升级出发，不断创造新的消费需求，特别是要把基于宽带和无线的信息消费作为新一轮扩大消费需求的重点领域，积极培育发展电子商务、网络文化、数字家庭等新兴消费热点。三是以发展农村经济、促进农业现代化、增加农民收入和提高农民生活质量为重点，贯彻统筹城乡发展的基本方略，协同推进城镇化和农村发展，积极引导各类市场主体进入，推动农村服务业水平尽快上一个新台阶。四是紧扣海洋经济发展战略部署和要求，加强陆海统筹，不断拓展服务领域，提升服务层次和水平。五是统筹国内服务业发展和对外开放，加快转变对外贸易发展方式，大力发展服务贸易，积极合理有效利用外资，推动有条件的服务业企业"走出去"，完善更加适应发展开放型经济要求的体制机制，有效防范风险，充分利用好国际国内两个市场、两种资源，积极参与服务贸易规则制定，深入推进与港澳台地区服务业合作，在更大范围、更广领域、更高层次上参与服务业国际合作与竞争。五是大力推进服务业各项改革，着力破除制约服务业发展的体制机制障碍，争取在重点领域和关键环节取得突破，进一步研究制定促进服务业加快发展的政策措施，完善服务业市场监管体系，营造有利于服务业发展的体制机制和政策环境。

五、大力支持小型微型企业发展

小型微型企业在增加就业、促进经济增长、科技创新、民生改善、社会和谐稳定等方面具有不可替代的作用，对促进产业优化升级、转变经济发展方式、推动国民经济和社会持续健康发展具有重要的战略意义。

第一，要进一步加大财税政策支持力度。一是建立财政支持资金稳定增长机制。要进一步落实好国发 14 号文件"资金总规模要逐年增加"的政策，继续加大力度，建立资金总规模稳定增长的机制。二是加强国家小型微型企业发展基金的设立工作。加快出台基金设立、管理、运作等相关文件，让基金尽快发挥作用。三是进一步研究税收政策。突出扶持科技型、创业型和劳动密集型小型微型企业的发展，形成系统完备、有利于企业发展的税收政策体系。四是继续清理整顿涉及小型微型企业的不合理负担。继续减免部分涉企收费，规范具有垄断性的经营服务性收费。

第二，要进一步推动解决小型微型企业融资问题。要按照党的十八大提出的"深化金融体制改革，健全促进宏观经济稳定、支持实体经济发展的现代金融体系"精神，研究建立小型微型企业政策性金融体系，加快建立覆盖全社会的小型微型企业信用信息征集与评价体系，完善小型微型企业信用担保体系，加大政策引导小型微型企业创业（风险）投资发展的力度，切实降低融资成本，多方位满足小型微型企业金融需求。

第三，要进一步提高小型微型企业发展的质量和效益。要大力转变小型微型企业发展方式，坚持"专精特新"，鼓励小型微型企业走专业化、精细化、特色化、新颖化发展道路；坚持集群发展，积极发展专业化产业集群，提高小型微型企业集聚度，提高与大型企业的协作配套水平；坚持转型升级，支持小型微型企业运用先进适用技术以及新工艺、新设备、新材料进行技术改造，提高产品质量和附加值；加强管理，积极引导小型微型企业加强基础管理，推进企业制度创新和管理创新，加快推进小型微型企业信息化，大力提升小型微型企业管理水平。

第四，大力推进服务体系建设。支持建立和完善为小型微型企业服务的公共服务平台。实施小型微型企业公共服务平台网络建设工程，调动和优化配置服务资源，增强政策咨询、创业创新、知识产权、投资融资、管理诊断、检验检测、人才培训市场开拓、财务指导、信息化服务等各类服务功能，重点为小型微型企业提供质优价惠的服务。

第二节　促进消费主导型经济结构的形成

消费需求是社会总需求的最终落脚点，是经济发展最重要的制约因素，作为拉动经济增长的"三驾马车"之一，与投资需求和出口需求相比，它是经济增长中最稳定、最基础的需求。一国经济发展的快慢，很大程度上取决于消费需求的大小。消费需求的规模扩大和结构升级是促进经济快速健康发展的根本动力。

改革开放以来，我国一直十分重视经济结构和经济发展方式问题。2010年10月，我国颁布的《中共中央关于制定国民经济和社会发展第十二个五年规划的建议》中明确指出：坚持扩大内需特别是消费需求的战略，加快形成消费、投资、出口协调拉动经济增长的新局面。该文件明确将消费置于经济增长拉动因素的首位。我国应以扩大居民消费需求为着力点，大力增强消费对经济发展的推动作用，努力构建消费主导型发展模式，促进消费主导型经济结构的形成，使我国经济进入新的发展境界。

一、构建消费主导型经济结构的必要性

（一）扩大消费有利于增强我国经济增长的稳定性

从国际经验来看，大国经济一般都是内需主导型经济。美国经济学家钱纳里对各国发展模式做了考证后认为，大国与小国的发展模式不同：小国资源有限，必须依靠对外贸易，大国则应该依靠内需来发展经济。扩大消费需求，把消费作为拉动经济增长的主动力，有利于增强经济增长的稳定性。一方面，在投资、消费和出口拉动经济增长的三大需求中，消费增长最为稳定，对经济增长的拉动作用最为持久。在 GDP 年新增额中，消费需求变动幅度小于投资和净出口的波动幅度，即在经济扩张时期，消费需求扩张不如投资扩张得那么明显，在经济收缩时期，消费需求收缩也没有投资需求收缩得那么快。另一方面，在消费需求、投资需求和出口需求中，消费需求作为最终需求，对总需求的增长具有决定性作用。特别是从中长期来看，没有消费需求支撑的高投资必定是不可持续的。

（二）扩大消费是促进经济协调发展的根本出路

我国部门结构的失衡，从内外需来看，表现为内需不足；从内需来看，表现为消费需求不足。除个别年份外，多年来消费增长慢于 GDP 的增长，导致最终消费占 GDP 的比重即消费率不断下降。改革开放以来，消费率由 1978 年的 61.4% 下降到 2015 年的 51.6%，下降了 9.8 个百分点；投资率则由 1978 年的 38.9% 提高到 2015 年的 44.9%，提高了 6 个百分点。

从国际比较角度来看，与相同工业化阶段的多国模型相比，我国的消费率明显低于钱纳里模型中的标准值。按照钱纳里的研究，处于工业化中期的我国消费率应该为 80%，而 2015 年仅为 51.6%，低于标准值近 30 个百分点。可见，我国消费率明显偏低。因此，扩大消费需求、提高消费率有利于改善投资消费比例失衡状况，有利于促进国民经济均衡发展。

（三）扩大消费是实现经济发展目的的最佳途径

马克思主义经济学认为，消费是社会再生产的终点或最终目的，生产与消费作为经济社会活动的两个重要环节，只有保持关系平衡才能维持社会再生产的顺利进行。如果商品不能被消费者接受，不能实现"惊险的跳跃"，那么摔坏的就不是商品而是商品生产者。西方古典经济学家西斯·蒙第也提出，在生产和消费的关系中，应该突出人的需要即消费；积累国家的财富绝不是成立政

府的目的；政府的目的是使全体公民都能感受到物质生活所带来的快乐。国民福利的提高源于国民总效用的增加，最能提升国民总效用的方法就是增加商品和服务的总消费，而投资活动本身并不能增加国民效用。在投资增长过快、投资率过高的情况下，尽管经济增长速度很快，但由于约一半国民产出用于投资，经济高增长并未带来大多数民众福利水平的同步提高。这既不符合经济发展的最终目的，也与全面建成惠及广大人民群众的小康社会的战略目标相背离。

二、我国消费主导型经济结构的实现途径

扩大内需、刺激消费是我国经济可持续增长的有效手段。居民消费增长率每提高 1 个百分点，大致相当于投资率提高 1.5 个百分点。尽管消费对拉动经济增长的效应非常明显，但要实现我国经济增长由以投资和出口拉动为主向以消费拉动为主的转变，仍然面临一些政策性和体制性障碍，尤其是消费环境不容乐观、假冒伪劣产品屡禁不止、社会保障不全面、城乡收入差距过大等问题成为影响当前消费增长的突出障碍。因此，政府要努力创造条件，多管齐下，加快实现消费主导型经济结构的进程。

（一）改善民生，扩大居民消费

一是千方百计扩大就业。要把扩大就业摆在经济社会发展更加突出的位置，坚持实施积极的就业政策，强化政府促进就业的公共服务职能，健全就业服务体系，加快建立政府扶助、社会参与的职业技能培训机制，完善对困难群众的就业援助制度。二是合理调节收入分配。要坚持各种生产要素按贡献参与分配，着力提高低收入者收入水平，逐步扩大中等收入者比重，在经济发展基础上逐步提高最低生活保障和最低工资标准。三是完善公共卫生和医疗服务体系。加大政府对卫生事业的投入力度，大力发展社区卫生服务。深化医疗卫生体制改革，认真研究并逐步解决群众看病难、看病贵的问题。四是深化教育改革。强化政府的义务教育保证责任，大力发展职业教育，加大教育投入，建立有效的教育资助体系。

（二）提高农村居民收入

扩大消费需求的重点应放在提高农民收入上。为此，一要采取综合措施，广泛开辟农民增收渠道。二要大力发展县域经济，加强农村劳动力技能培训，引导富余劳动力向非农产业和城镇有序转移，带动乡镇企业和小城镇发展。三要继续完善现有农业补贴政策，保持农产品价格的合理水平，逐步建立符合国

情的农业支持保护制度。四要加大扶贫开发力度，提高贫困地区人口素质，改善基本生产生活条件，开辟增收途径。五要逐步建立城乡统一的劳动力市场和公平竞争的就业制度，依法保障进城务工人员的各项权益。

（三）整顿市场秩序，净化消费环境

混乱的市场经济秩序会恶化消费环境。整顿和规范市场经济秩序的中心内容是直接关系到广大群众切身利益、社会危害严重的突出问题，坚决打击制售假冒伪劣商品的行为，切实维护消费者合法权益。因此，创造良好的消费环境，既是整顿和规范市场经济秩序的主要内容，又是促进我国消费主导型经济结构形成的必要条件。

（四）扩大社会保障覆盖面，提高社会保障水平

消费者普遍的心理预期是未来收入具有不确定性和支出具有确定性。为此，要建立健全与经济发展水平相适应的社会保障体系，合理确定保障标准和方式；完善城镇职工基本养老和基本医疗、失业、工伤、生育保险制度；增加财政的社会保障投入，多渠道筹措社会保障基金；逐步提高基本养老保险社会统筹层次；解决进城务工人员社会保障问题等。同时，把健全面向中低收入群体的供给体系作为扩大消费的重点，促进消费潜力的有效释放。当前消费不振的原因之一在于消费结构断档，供给与需求结构不衔接。一方面，高档消费品供给过多，需求不足；另一方面，适合中低收入群体的房地产、汽车、教育、医疗等产品供给不足，远远不能满足需求。因此，政府一方面应当对高档消费品的生产和消费通过税费形式加以限制；另一方面，要采取必要手段，加大对普通大众可承受的廉价商品供给力度，从而有效引导普通大众消费潜力的释放。

第三节　推动区域城乡经济结构协调发展

一、构建中国的橄榄形社会

一个社会的稳定性同社会阶层财富的分布结构有关，所谓橄榄形社会是指社会阶层财富的分布结构呈中间阶层大两头小的橄榄形状，具体情况大致是中产阶层占绝大多数，富豪阶层和赤贫阶层占少数，中间阶层因占大多数，其财富或收入水平最接近全社会平均水平，自然形成处于对立两极阶层冲突的缓冲

阶层。根据社会学理论可知，橄榄形社会是稳定和谐的社会。

扩大中等收入者比重，形成橄榄形分配格局的目标就是使收入分配相对比较平均，中等收入者占多数。这样做一方面有利于社会稳定，另一方面也有利于满足大多数人民群众日益增长的物质和文化需求，并能够推动经济的均衡增长。

由于现阶段中国农村人口仍然占 50% 左右，所以，我国要在农村人口占一半的社会建立一个中产阶级占大多数的橄榄形社会便无法回避城乡共同发展问题。2015 年，中国的基尼系数为 0.462。这说明中国还没有达到橄榄形社会的要求。

改革开放后，中国先后经历了从以计划为主和市场为辅到建立社会主义市场经济体制的转变。1984 年，中共十一届三中全会提出的社会主义经济是有计划的商品经济。1992 年 10 月，中共十四大明确提出，中国经济体制改革的目标是建立社会主义市场经济体制。现在来看，中共十四大的决议是中国计划与市场关系演变过程中的一个里程碑。社会主义市场经济体制就是，在国家宏观调控下，让市场在资源配置中起基础性作用，目标是在全国建立统一的市场，其中当然应该包括生产要素市场。然而，中国的劳动力市场和资本市场至今仍然带有深深的计划烙印。由于城乡二元户籍制度及其对应的城乡二元结构体制的作用，城乡劳动力市场之间依然是相分离的。城乡金融市场等也呈二元结构，中国城乡二元经济结构具有明显的计划经济特征。由于中国的城乡二元经济结构已经积累多时，因此在多数发展指标上，如人均收入、义务教育、医疗卫生、养老保险等，农村都全面落后于城市。相应地，中国基尼系数持续上升。正因为这样，数年前中国开始在一些省市户籍制度和城乡共同发展方面着手试点改革。

改革开放后，由于市场经济体制和社会经济发展的需要和压力，国家相继出台了一些较为具体的户口管理政策，解决了户口管理和经济社会发展中的一些问题。其目标和原则是，为进一步密切党和政府与人民群众的关系，使户口管理制度在促进人口合理、有序流动和促进经济发展、社会进步等方面发挥更大的作用，有必要在继续严格控制大城市规模、合理发展中等城市和小城市的原则下，逐步改革现行户口管理制度，适时调整有关具体政策。改革步子较大的是 1998 年国务院批复的《国务院批转公安部关于解决当前户口管理工作中几个突出问题意见的通知》（国发〔1998〕24 号）。该文件明确规定，实行婴儿落户随父随母自愿的政策；放宽解决夫妻分居问题的户口政策；男性超过 60 周岁、女性超过 55 周岁，身边无子女需到城市投靠子女的公民，可以在该城市落户；在城市投资、兴办实业、购买商品房的公民及随其共同居住的直系亲属，凡在城市有合法固定的住所、合法稳定的职业或者生活来源，已居住一定年限并符合当地政府有关规定的，可准予在该城市落户。可以看出，该通知对户籍改革政策进行了比较大的探索，为后来的户籍制度改革积累了一定的经验，但对释放农村剩余劳动力的正常流动还远远不够。进入 21 世纪之后，我国在部分省市进行了户籍改革试点，积累了一些宝贵的经验。

近年来，中国政府推行的包括免除农业税、在一定程度上推行的义务教育农村医疗保险的推广和全覆盖等在内的一系列重大举措表明中国政府正在实践科学发展观的伟大思想。2011 年 2 月 26 日，中华人民共和国国务院发布的《国务院办公厅关于积极稳妥推进户籍管理制度改革的通知》（国办发〔2011〕9 号）可以算是中国户籍改革的开端。然而，中国城乡二元户籍制度的根基非常牢固，它对中国经济社会产生的影响是深远的，更准确地讲，其后遗症是非常严重的。中国城乡二元户籍制度不仅导致了今天的城乡二元结构的形成，而且城乡二元户籍制度严重阻碍了劳动力在城乡之间的自由流动。在当前我国社会主义市场经济体制下，城乡之间的资源配置依然不均衡。因此，毫无疑问，必须打破城乡二元结构，实现劳动力在城乡之间的完全自由流动，实现真正的社会主义市场经济。另外，非系统性的、非协调性的一些城乡统筹措施不仅不利于城乡融合，反而可能会引起新的问题，如新市民的职业培训、就业和创业环境的培育及发展问题，新市民子女的义务教育问题，城市化过程中完全失地者的发展问题，等等。这些都是二元户籍制度与一元户籍制度的衔接问题。如何防止城乡之间二元结构变成城市内部的二元结构，从而避免恶化城市原有的二元结构的情况出现是建立统一户籍制度的过程中必须通盘考虑的重大问题。

统筹城乡发展，以一元体制替代二元结构体制，消除二元经济结构，实现可持续发展，是中国建立社会主义市场经济体制的目的和必然归属。统筹城乡发展是中国经济社会中长期发展的目标。在促成中国城乡二元结构形成和发展的因素中，体制因素多于技术因素。与此相对应，中国的城乡统筹发展实践中存在的困难和障碍往往主要是体制的因素。各地市的城乡统筹措施也都是从改革和完善体制入手的。中国城乡二元结构本质上主要是传统计划经济的产物，而城乡统筹发展就是要破除城乡二元结构体制，建立城乡融合的统一市场。

中国的城乡统筹发展不仅涉及经济理论的创新和政治体制的改革，而且实践性强。现有利益格局是城乡统筹发展的具体障碍，而城乡统筹发展必然触及现有利益格局。因此，中国现有的城乡统筹实践是在利益调整之中进行的。城乡统筹不仅需要国家层面的政策和财政支持，更需要地方财政的支撑。因而中国比较典型的城乡统筹成功案例基本都出现于条件比较好的地方，如北京市、深圳市以及西部地区经济领头羊的成渝地区城乡统筹试验区的城乡统筹发展都比较成功。

中国城乡二元结构非常独特、典型。而且由于中国幅员辽阔，城乡发展差距巨大。各地的城乡统筹发展经验都很有价值。

二、在城乡统筹发展中转换农村经济结构

在科学发展观的指导下，笔者从帕累托最优、基于准入秩序理论和刘易斯劳动力剩余模型转移模型等视角分析中国城乡统筹发展中结构转换的路径。

城乡统筹发展的目标就是要消除二元经济结构，或者说城乡统筹发展就是要实现从二元经济结构到一元经济结构的转变。在体制创新和技术创新的双重作用下，农村剩余劳动力能够被及时有效地转移到劳动生产率更高的部门。在转移农村剩余劳动力的同时，农业部门广泛使用农业生产技术，实现规模化经营，最终使得无论是转移到城镇的劳动力人口，还是选择继续从事农业生产经营活动的劳动力人口的收入都趋同于全国的平均收入水平，使农村人口整体融入现代化的社会大家庭中。根据中国现在的发展阶段和各级政府积累的物质财富，可以从新农村建设、工业化和信息化以及城市化等几个层次来实现二元经济结构的转换。

（一）新农村建设

从经济学、社会学、政治学等全方位来看，在某种程度上，新农村建设就是在农村聚集生产要素，改造和重塑农村传统的社区结构，使乡村人口从传统的生产、生活方式转向现代化的生产生活方式。顾名思义，新农村建设的目的就是让部分乡村人口在农村安居乐业，就地发展。但新农村建设应该考虑周边环境的自然条件和市场条件，适当集中。以农村土地集体所有制的配套改革为基础的新农村建设可以促进农业生产的规模化、社会化、服务组织化。我国应在农村推进城镇化的发展，通过实施农业产业化经营，规模化开发生产基地，促进农业产业结构调整和优化，从而提高农业内部劳动生产率，增加农业经营者的收入。

（二）工业化和信息化

工业高速增长是吸纳农村剩余劳动力的最佳途径，也是经济结构转型的必由之路。中国工业的高速增长得益于改革开放、低成本的农村剩余劳动力工资、

外部市场需求的拉动。今后中国工业化、信息化的扩张动力将不仅来源于继续吸纳农村剩余劳动力，更大的动力将来源于这部分人口收入增加后内需的持续增长。工业化使得农村剩余劳动力由劳动生产率低的部门流向劳动生产率高的部门。这会增加全社会的产出，也会增加农村剩余劳动力的收入。传统农业是低附加值产业，而工业和信息产业才是高附加值行业。从 1994 年至今，我国第一产业对国内生产总值增长率的贡献不超过一个百分点。以 2010 年为例，当年中国国内生产总值增长率是 10.4%，其中第二产业的贡献是 6%，第三产业的贡献是 4%，而第一产业的贡献仅仅是 0.6%。第一产业增加值占国内生产总值的比重在 1978—1985 年还能徘徊在 30% 左右。而从 1986 年至今，第一产业增加值占国内生产总值的比重逐年下降，现在已经下降到 10% 左右，而第二产业和第三产业所占的比重之和则占到 90% 左右。可见，由传统农业向现代农业和现代工业转化才是增加社会财富并实现共同富裕的必然选择。

（三）城市化

发达国家的经验表明，城市化是解决农村剩余劳动力的有效做法。在传统计划经济体制下，农村剩余劳动力的排挤、限制是政府实行高度集中的计划经济的产物。改革开放后，中国政府对农民工城市化的顾虑显然是农民工进城会分享部分既得利益者的短期利益。然而，从全社会资源最优的角度考虑，由于城市的劳动边际产出大于农村的劳动边际产出，让更多的农民工进入城市工作就能够带来更快的经济增长，并且缩小城乡之间的差距。正因为这样，现在各级地方政府都倾向于为农村剩余劳动力进城就业甚至是创业创造条件。各地方政府都不懈地进行招商引资，为本地农村剩余劳动力解决就业问题，以提高本地经济增长速度。在这方面，可以说重庆、成都是大量利用内资和外资解决农村剩余劳动力和推进城乡统筹发展的成功典范。

第四节　加快推进农村三大产业的融合发展

一、深化农业管理体制改革

现代农业发展的产业融合，必然涉及对土地、水利、林木等农业资源进行市场化的优化配置，客观需要融合型的农业管理思维和服务。其途径便是深化农业管理体制改革。

一是推进农业大部制改革，实行一体化管理，建立适应融合型农业发展的管理体制。首先，合并现有的中央农业直接管理部门，组建农业农村部，实行大部制管理，统筹农业、林业、水利设施、土地资源、林业资源等发展规划以及相关公共政策的制定。将涉农管理的各个环节，包括农资供应、农业初级产品生产、农产品加工、包装、储运、销售、食品安全、检验检疫等纳入管理系统，避免职能交叉，多头管理。其次，整合地方农业管理部门职能，实行分工管理。中央农业管理实行大部制后，地方农业管理部门亦需要进行相应的整合性改革。整合性改革的依据是在明确中央农业农村部宏观管理职能的前提下，对省、市、县、乡镇级的农业、水利、畜牧、林业管理机构进行整合归并，实行农业统一管理。同时，根据本地农业发展的实际需要因地制宜地制定农业发展规划和政策措施，不必建立上下完全"对口"的机构和运转机制。相关研究表明，一体化管理是发达市场经济国家农业管理体制的共同特点。例如：美国农业部承担了中国目前中央所有涉农管理部门的农业管理职责；日本主管农业的农林水产省，负责从农产品的生产、流通到加工、销售、进出口及农业生产资料供应等全程管理。

二是拓宽农业管理的范围，实行宽领域管理。随着农业与相关产业融合，现代农业的功能日益扩展，产业发展空间更加大，农业行政管理领域不能仅局限于农、林、牧、渔业的生产管理，而应进一步深入土地规划利用、农业教育、科研、推广、农村发展、农业生产资料供应、农产品加工、农产品质量标准、食品安全、生物多样性、生态安全等更加宽泛的涉农领域，实行宽领域管理。

三是赋予农业管理部门有效的管理权力和手段。通过农业立法，对农业部门制定农业发展政策、宏观调控农业的行政手段，财政、金融、税收、价格、补贴等经济手段以及制定农业行政法规和执法手段，进行法制化的明确和规范，建立起相应的法律依据，使农业管理部门成为拥有实际管理权限、权责统一的管理部门，提高管理绩效。

二、加强农业科技体系建设

（一）调整农业科技发展战略

产业融合有利于提高农业的信息化、生态化、服务化、集约化水平，促进农民增收和农村经济发展，但需要相应的技术进步成果作为支撑。农业科技主管部门应根据中国农业转型的实际，及时调整农业科技战略目标、战略方向、战略重点和战略措施。在战略目标上，要努力实现农业科技整体实力进入世界前列，促进农业综合生产能力的提高，有效保障国家食物安全。在战略方向上，从仅仅注重提高农作物产量，转向同时注重提高农作物产量和质量、提高农产品精深加工水平和鲜活储运等生产和流通技术的研发；从注重资源开发转向注重资源开发技术与市场开拓技术的结合；从注重在某些领域"跟踪"和"赶超"发达国家，转向根据中国新农村建设的现实需求进行自主创新。在战略重点上，以满足农民实际需求为导向，重点支持生物技术、良种培育、丰产栽培、农业节水、疫病防控、循环农业等高产集约型农业技术创新以及信息采集、精准作业、农村远程通信等农业数字化技术创新，将技术创新与农村需求、农业发展和农民增收有机结合起来。在战略措施上，可考虑建立综合性、跨学科的国家农业科技创新体系，以促进产业融合为出发点，整合全国涉农科技资源，通过重大、重点课题立项，以"学科带头人研究团队"的方式，在进行原始创新、消化吸收再创新的同时，进行集成创新，将农业科技成果建立在跨学科、跨专业、跨产业的基础之上，为农业与相关产业融合提供技术支持。

（二）提高农业科技进步成效

首先，增加农业科技投资总量。农业科技产品属于准公共物品，尽管受专利法保护，但具有一定的非排他性（如农业生物产品在生产过程中可以自我繁殖）和非竞争性（某个农业生产者对某项技术的采用不对其他生产者采用该技术构成限制）。因此，必然存在市场供给农业科技产品不足的情况，需要政府提供农业科技产品。从中国农业科技投入资金来源来看，政府拨款是主渠道，非政府投入起重要补充作用。增加政府的农业公共科技投资是提高农业科技投资总量的根本选择。

其次，优化农业科技投资结构。农业基础研究中的技术创新一般主要体现为生物技术创新。生物体的种植和养殖周期比工业生产长得多，尤其要受到自然条件和生物本身生长规律的制约，其创新周期相当长。因此，我国需要建立起科技投入支持的长效机制。针对中国农业基础研究投入少、研究周期短的实际情况，农业科技主管部门在农业科技创新研究项目立项时，应留出相当比例的经费以用于支持农业基础研究，适当延长研究周期，并进行持续稳定的研究投入支持。

最后，提高农业科技贡献率。农业科技贡献率是农业科技进步的直接经济成效，其高低受到众多因素的影响。其中，农业科技进步水平和农业科技成果转化机制是两大重要因素。涉农企业、科研院所是农业科技进步的主体。政府应通过产业政策调整，创建科技创新平台，建立技术进步的激励机制，鼓励科研主体进行符合农业科技战略重点的技术研究开发，取得具有自主知识产权的科技成果。

创建现代农业科技创新基地是促进农业科技进步、推动农业与相关产业融合的重要选择。2009 年 8 月 29 日，武汉生物技术研究院在武汉国家生物产业九峰创新基地举行了开工奠基仪式。武汉生物技术研究院是湖北省委、省政府紧抓世界生命科学研究和生物技术发展的机遇，促进湖北省生物产业集群发展，支撑武汉国家生物产业基地建设的重要举措。该研究院整合高校、科研机构和企业的研发优势，由武汉大学、华中科技大学、华中农业大学、中国科学院武汉分院等单位共同组建而成，包括研究开发平台、公共服务平台和中试转化平台三个平台。研究开发平台将建设生物技术研究中心、生物医药研究中心、生物农业研究中心、生物能源研究中心、生物环境研究中心、生物经济研究中心等六个研究中心。该研究院作为武汉国家生物产业基地的技术支撑平台，主要从事生物技术应用研究开发、技术服务和成果转化，支撑和引领湖北生物产业发展。同时，我国应加大农业科技园区等农业技术产业化平台建设力度，增加农业科技成果在农业领域应用的广度和深度，扩大农业生产经营的价值增值范围和提高增值幅度。

（三）加强农业科技推广体系建设

针对传统的农业技术推广体系的不足之处，2006 年，国务院和农业部分别下发了《国务院关于深化改革加强基层农业技术推广体系建设的意见》和《农业部关于贯彻落实〈国务院关于深化改革加强基层农业技术推广体系建设的意见〉的意见》，提出了逐步构建"多元化基本农业技术推广体系""培育多元化服务组织"的建设要求。

1. 从推广主体上形成多元化的推广主体

一是明确农业科研、教育机构为农业科技推广主体，进一步发挥龙头企业、农民合作经济组织在农业科技推广中的积极作用。农业科研、教育机构拥有丰富的人才资源和技术资源，担负着科技创新和人才培养的重要职责。科技创新和人才培养只有面向社会需求，即与农业生产实际要求相吻合，才会转化为现实生产力。实现科技创新和人才培养面向社会需求的重要途径是农业科研、教育机构参与农业科技推广，在推进科技成果产业化的同时，了解农业生产经营的真正需求，实现科研与生产对接。二是充分发挥龙头企业的农业科技推广功能。龙头企业作为产业融合的主体之一，具有农业科技知识、科技应用上的优势，可通过与农户建立利益连接机制，向农民提供农业科技指导、咨询服务。

三是充分利用农民合作经济组织的农业科技推广优势。作为维护农民利益的集体组织，农民合作经济组织具有提供农业技术信息宣传、指导服务的低交易成本优势，是农业科技推广应用的重要主体。

2. 从推广机制上建立双向互动运行机制

农业推广主体在向农民等农业生产者提供农业科技推广服务的同时，应及时了解农民的科技需求信息，并将之及时反馈给农业管理部门以及农业科研、教育机构，以便调整农业科技政策和提升农业科技推广成效，而农民则可及时将农业科技应用中存在的问题、新的农业科技需求信息及时反映给农业科研、教育机构。由此形成"自上而下"与"自下而上"相结合的双向互动机制，建立起农业科研与生产实践之间的有机关联，防止科研与生产脱节，浪费科技资源。

3. 从推广形式上实现多样化服务

农业科技推广没有统一的模式。从实际成效来看，科技特派员制度、农业技术培训、农技信息网络化等均符合技术需求主体的要求，有利于技术推广应用和双向互动运行机制的构建。1999 年，首创于福建南平、2002 年 5 月由科技部和人事部联合启动实施的科技特派员制度，现已成为农业科技推广不可或缺的组织载体。信息化是现代农业发展的重要方向。政府可通过农业网络信息平台，向农民提供科技信息宣传、咨询和指导服务，拓宽农业科技推广渠道。中国农业信息网、华中农业信息网等农业网站，已经成为农业科技推广的便捷渠道。

三、完善政府公共服务体系

（一）构建融合型产业发展的产业政策体系

产业政策可被界定为针对市场经济运作中可能出现的市场失灵和错误导向，政府为修正市场机制作用和优化经济发展过程，对产业发展、产业结构的调整和产业组织所采取的各种经济政策的总和。按照内容的不同，其可分为产业发展政策、产业结构政策和产业组织政策三大类型。农业与传统的第二、三产业以及信息产业、生物技术产业等的融合发展，涉及农业、工业、服务业、高新技术产业等产业领域。不同产业各有不同的直属管理部门以及相应的产业发展、产业结构和产业组织政策。数字农业、旅游农业、生物农业等融合型产业，具有跨产业属性。尽管难以将其具体划归到现有产业分类中某一具体产业，但其发展成效惠及各融合产业。因此，我国需要构建融合型产业发展的产业政策体系，从科技、财政、金融等方面为产业融合提供政策支持。上述融合型产业均与现代农业发展相关。因此可考虑由农业农村部牵头，联合国家发展和改革委员会、科学技术部、财政部、生态环境部、人民银行等部委联合制定产业政策。识别融合型产业的基本依据是在技术、生产、加工、包装、储运、消费等经济环节，均符合资源节约、环境友好型社会建设的要求，能够有效推动中国现代农业发展。

在科技政策上，打破传统的分行业、部门的研究与开发政策。在制订国家科技计划、进行科技立项时，充分考虑技术融合因素，对融合型产业发展技术研究优先立项，引导建立不同学科交叉融合研究的科研机制，产出更多融合型技术成果，在一定程度上降低技术成果的资产专用性。在财政政策上，为融合型产业发展涉及的相关企业给予税费减免等优惠，扶持产业发展金融政策，对融合型产业发展在贷款金额、贷款期限、贷款利息、还贷方式上提供商业或政策性金融支持，大力发展农业风险投资土地政策，减少融合型产业的土地出让金或土地使用费。

（二）加强产业融合的标准规范建设

产业融合提供了融合型产品，具有农业属性，涉及资源消耗、生态保护、环境污染、物种多样性、食品安全、健康营养等与人民生命财产安全，乃至人类长远发展直接相关的重大问题。因此，必须建立完善的标准规范。标准规范主要分为两个层次。一是地方性的标准规范。不同地区经济、文化、资源等发展条件不同，农业与相关产业融合形式多种多样。因此，政府相关管理部门必须因地制宜，制定出相应的地方标准，为产业融合规范有序发展提供制度保障。例如，成都市政府制定的《农家乐开业基本条件》《成都市农家乐旅游服务质量等级评定实施细则》等地方标准，对农家乐的开办条件、审批办法、管理制度等予以明确。二是全国性的法律规范。法制化管理是西方国家农业公共管理的普遍手段。例如，日本建立了由《农业基本法》《新粮食法》《农地法》《土地改良法》《农业改良促进法》《农业机械化促进法》《种子法》《批发市场法》等组成的完备的涉农法律体系，对农业资源利用自然资源保护、食品安全等进行法制化、全方位管理。这些涉农法律体系为日本发展现代农业，成为农业强国做出了重要贡献。

改革开放四十多年来，中国农业立法成就突出，已形成了农业法律体系的基本框架。但随着农业与相关产业的融合发展，新的涉农法律问题，如转基因生物技术应用、转基因食品安全性等关系到生态环境、人类健康的长远性、复杂性问题迫切需要法律依据和强制性的发展制度。我国于 2009 年 6 月 1 日起施行的《中华人民共和国食品安全法》，尽管确立了国家食品安全标准，但其针对的是大类、普通食品的安全管理。转基因类食品等特殊的食品类别缺少相应的高层次法律规范。以全国人大立法为主，加强农业与相关产业融合发展的法制建设，既是解决科技发展与人文关怀之间的矛盾的需要，又是现代农业发展的客观要求。同时，标准制定应积极参考国际标准，与国际接轨，为促进农产品出口、提高农业国际竞争力创造条件。

第五节　完善农村经济发展的金融支持体系

一、深化农村信用社改革

作为农村基层金融机构，农村信用社几乎承担了全部的农村小规模信贷业务，如种子农药贷款、农业机械贷款等，为农业增产增收、使农业技术转化为生产力、农村经济发展等做出了巨大的贡献。但是也不能忽视农村信用社在发展中所暴露出的一些问题，虽然自 2003 年国务院下发《深化农村信用社改革试点方案》以来，农村信用社改革取得了巨大的突破，梳理了混乱的股权关系，摆脱了国有商业银行的桎梏，但是仍旧存在一些问题有待解决。对此，我国应当从以下几个方面来深化农村信用社改革。

首先，要进一步完善农村信用社的股权结构。虽然说 2003 年之后在国务院的强制要求下，农村信用社真正实现了从"官办"到合作性金融机构的转变，产权已经较为明晰。但是由于农村信用社的前身是农村信用合作社，而农村信用合作社大多是农户自发组成的。这也就意味着个体农户也拥有部分农村信用社的股份。而 2003 年的改革并没有涉及这一方面。因此，农村信用社需要进一步深化股权改革，对于农户手中的股份，应采取溢价回收或者分红的方式。这是完善农村信用社法人治理结构的基础，也有助于农村信用社风险的监控考核，建设完善的金融市场退出机制。

其次，要深化经营机制改革。因长期受中国农业银行的管理，农村信用社虽然名义上已经独立出来，成为一家合作性商业银行，但事实上农村信用社更多的是为弥补中国农业银行的不足而存在的。这不利于农村信用社的长期发展。因此，农村信用社一方面要对现有的金融业务进行改革，大力发展农村小额互保、联保信贷，增加贷款类别，提高贷款限额，扩大信贷规模。同时创新金融服务，开拓中间业务，丰富金融工具服务形式。另一方面，农村信用社要对现有的运营机制进行改革，真正实现独立运营发展。改革的内容包括成立金融风险管控部门、建立金融业务内部控制机制，实现人事自主安排等。

最后，要改革人才聘用培养机制。21世纪的市场竞争归根结底是人才的竞争。随着农村社会经济的不断发展，农村金融市场也逐渐地受到诸多金融机构的重视。如何在日趋激烈的农村金融市场中取得竞争优势对于农村信用社而言是一个亟待解决的问题。而人才的聘用与培养则是解决这一问题的关键。目前农村信用社的人才聘用在一定程度上仍旧受到政府的干预。很多优秀人才由于制度所限无法被引进。对此，农村信用社一方面要与政府积极沟通，真正地实现人事任命的自主，与国内外高校合作，引进优秀金融人才；另一方面，农村信用社要加大对现有职工的培训力度，结合农村金融的发展现状有针对性地采取培训措施。同时改变之前除业务人员之外，其他员工上班拿"死工资"的做法，全面推行浮动工资制度，以公平科学的考评机制来促使职工自我提高、自我发展。

农村信用社对于农村经济增长的重要意义不言而喻。作为农村金融发展的主力军，农村信用社只有深化改革才能够适应农村日新月异的经济发展要求，从而更好地支持农村社会经济建设。

二、政策性银行应加大支农力度

作为中国唯一一家政策性银行——中国农业发展银行在农村经济增长中所起到的作用并不是很明显。其业务范围仅仅局限于粮棉油贷款，导致其无法充分发挥促进农村经济增长的作用。因此，政策性银行加大支农力度势在必行。中国农业发展银行支农力度的加大是建立在以下几个问题得到解决的基础之上的。

首先是融资渠道问题。中国农业发展银行在加大支农力度上所面临的最大问题就是融资渠道较窄。中国银行承担了中国农业发展银行90%以上的资金供给。与债券融资、股票融资等金融市场融资方式相比，中国银行直接向中国农业发展银行拨付资金的做法不仅影响了中国农业发展银行的独立性，而且中国银行对中国农业发展银行提供的资金属于再贷款，利率也高于其他融资方式。这就增加了中国农业发展银行的运营成本。因此，中国农业发展银行若要进一步加大支农力度，首先要做的就是实现融资渠道的多元化，通过债券、股票、银行之间的再贷款等来增加农村金融供给。

其次是政策问题。作为政策性银行，中国农业发展银行的业务是以国家支农政策为导向的。正如目前中国农业发展银行将业务集中在粮棉油贷款领域是国务院下发的政策所决定的。虽然中国农业发展银行自身也在不断地努力在不违背政策的情况下拓展业务空间。例如，2005 年，中国农业发展银行积极拓展支农领域，形成了"一体两翼"的业务发展格局，由过去单一开展粮棉油购销储业务，逐步形成以粮棉油收购贷款业务为主体，以农业产业化经营和农业农村中长期贷款业务为两翼，以中间业务为补充的多方位、宽领域的支农格局。但是这并不意味着政策对中国农业发展银行的影响被削弱了。事实上，从 2005 年中国农业发展银行的做法中就可以看出，中国农业发展银行始终在探寻政策的底线，然后以此为参照拓展新的业务。因此，政府需要正确地认识到中国农业发展银行对农村经济增长的巨大作用，出台更多的有利于中国农业发展银行加大支农力度的政策。

最后是业务覆盖问题。中国农业发展银行自成立以来业务范围一缩再缩的根本原因是，银行的金融业务与其他国有银行的业务重复的问题严重。为了让中国农业发展银行更好地集中资金来支农，其部分金融业务被并入中国农业银行。但是在国有商业银行实现商业化改革的今天，以政策为手段将中国农业发展银行排除在金融市场之外毫无疑问是不公平的。因此政府应当允许甚至鼓励中国农业发展银行进入金融市场竞争中，以竞争来解决金融业务重复问题。这样做也有利于农村金融效率的提高。

三、建立有效的引导农村资金回流机制

农业生产周期长、收益低的特性导致商业性金融机构从农村撤离，进而造成了农村资金的外流。近年来，农村社会经济的发展这一问题得到了缓解，但农村资金外流现象仍旧普遍存在。这对农村经济的发展造成了极大的影响。因此，采取何种措施来建立农村资金回流机制，增加农村金融资金供给，对于发挥农村金融机构支持农村经济增长的作用有着十分重要的意义。由于商业性金融机构具有趋利性，所以，通过金融市场的自发性来实现金融资金的回流毫无疑问是不现实的。因此，以政府为主导，增加支农财政投入不失为解决农村资金外流问题的一个好方法。在构建财政支农投入机制的过程中需要解决以下几个问题。

第一，要坚持增加财政支农投入力度与减轻农民负担并重。财政支农投入的增加并不意味着农民的负担减轻，原因在于财政支农投入大多用于农村经济

环境建设中，与农民的切身利益并没有直接的关系。农民可以享受到财政支农投入增加所带来的好处，但是不能直接减轻负担。因此，在增加财政支农投入的同时也要推进农村的税费改革，进一步取消农业方面的各种税收，切实减轻农民负担。

第二，调整财政支农资金的使用结构。之前财政支农资金主要用于一般性农业生产项目，如化肥种子补贴、农业机械补贴等。这种财政资金的使用方式是由之前财政支农有限，只能将资金用于农业生产的关键点所决定的。但是随着财政支农资金的不断增加，仍旧将资金用于这些领域只会造成资金的大量浪费。因此，调整财政支农资金的使用结构是十分必要的。一方面，应将财政支农资金逐步从一般性农业生产项目转移到大型农业生产项目和非营利农业项目上，如农业科技、生态保护等，为农村经济增长创造良好的环境；另一方面，在农业补贴上，要改变之前对农产品流通环节进行补贴的做法，直接将补贴落实到农民身上，以激发农民生产的积极性。

第三，构建农村资金回流的金融机制。虽然目前农村仍旧普遍存在资金外流的问题，但是随着农村经济的不断发展，展现出更好的前景。以盈利为导向的金融机构必定将农村作为重心。与此同时，城市资金也将不断流入农村。因此，构建农村资金回流机制从长远的角度来看对农村经济增长有百利而无一害，有助于提前对金融机构进行规范，确保未来资金的顺利回流。

四、引导民间金融规范化发展

虽然民间金融存在种种缺陷，但对于农村经济而言，民间金融又是不可或缺的。原因在于两个方面。一是商业性金融机构"看不上"收益较低的金融需求，没有推出相应的金融业务，而民间金融则恰好满足了农民这类金融需求。二是目前商业性金融机构在农村金融市场中更多的是扮演"抽水机"的角色，虽然是农村金融供给的主体，但是每年都将大量的农村资金抽出并将之投入城市中。与之相反的是，民间金融供给基本做到了"取之农村，用之农村"。因此，民间金融虽然自新中国成立以来多次被国家取缔，但是其在农村金融市场中仍旧拥有广泛的市场是有其可取之处的。当然，民间金融存在的高利率、高风险隐患也是不容忽视的。对于民间金融，国家只能采取一定的措施引导其走上规范化发展道路。

第一，政府应当认可民间金融，对于民间金融不能够采取"一刀切"的取缔办法，而是要通过制定民间金融管理制度的方式来对民间金融进行约束，以规章制度来限制民间金融的利率上限和下限，以避免高利贷现象的出现。另外，应建立民间金融监管部门，对民间金融的运营管理进行监管，防止金融风险的出现。

第二，建立民间金融的入场和退出机制。对于通过正规渠道成立的民间金融机构，政府应当主动提供一个合法的金融活动平台。其中金融入场与退出机制能够保证民间金融机构不会"泛滥"。只有具有一定资质的个人或企业才能够进入民间金融市场，由此可以为民间金融的稳定发展奠定基础。而政府为民间金融机构提供一个合法的金融活动平台有利于将民间金融纳入政府监督体系中，避免民间金融发展出现问题。

第三，鼓励正规金融与民间金融进行合作。从业务上来说，民间金融与正规金融的冲突并不大。民间金融以正规金融机构"不屑"的领域为重心，两者具有很强的互补性。但是一直以来正规金融因其"官方"色彩对于民间金融都秉持着敬而远之的态度。对此，政府应当引导正规金融机构与民间金融机构进行沟通合作，允许民间金融机构从正规金融机构进行借贷，允许民间金融机构与正规金融机构共同开展金融业务等。如此一来，不仅能拓宽民间金融的融资渠道，解决民间金融资金不足的问题，而且正规金融机构涉足民间金融业务领域也能够更好地引导民间金融资金的走向。

五、建立合理的农村金融信用管理体系

信用是金融的基础。农村金融想要持续发展下来，必须要建立完善的农村信用体系。但是在实践中，由于农村金融面对的全体以农户、乡镇企业为主。这类群体最大特点就是数量多、分散性强，因此全面、精确地搜集农村金融对象信息是极为困难的。信息不对称问题在农村金融中普遍存在。从世界范围来看，农村信用管理体系建设较为成熟的国家有美国、英国等。虽然这些国家农业人口的分布虽然较广，但是其农业人口的数量较少。这为农村信用管理体系的建设提供了便利。而我国 4.5 亿农业人口则成为信用管理体系建设所面临的最大障碍。结合中国农村金融发展状况可以发现，农村金融信用管理体系建设的关键在于政府的主导地位能否得到充分的体现。

（一）继续巩固政府主导地位

政府在农村的信用体系建设中必须要占有主导地位。因为在信用体系的初步建立过程中，只有政府可以对这些数据进行广泛的收集，通过加强信用个人、信用集体、信用村、信用单位建设等方式，营造重视信用、人人讲诚信的氛围；

同时加强信用管理制度建设，通过立法等手段，把信用作为农村个人及企业发展的必要手段，以法制的力量来提升信用的效力；也要进一步加强政府信用建设，降低政策的多变性、执法的随意性，规定的短期性，提高行政执法的透明度，提高政府行政的公信力。

（二）建立农村征信系统

农村金融信用体系的基本建设前提是征信体系的完善。而目前农村农户和乡镇企业的分散性以及信息不健全等特点决定了农村征信体系建设难度远远高于城市。对此，笔者建议企业、金融机构、政府三者通力合作来建设农村征信系统。其中，企业和金融机构与农村经济主体的接触最多，对于农村经济主体的信用信息最为了解，通过企业和金融机构的信息共享能够即时掌握农村经济主体的信用变动，有针对性地提高或者降低农村经济主体的信用水平等。而政府作为农村经济主体的基本信息掌握者，政府的参与能够确保农村征信系统覆盖所有的经济主体。此外，农村征信系统建设的一个关键环节就是信用评价。信用评价需要一个权威性的机构来负责。政府可以承担这一重任，同时对企业和金融机构的信用评价进行监督。

（三）建立红黑榜，完善信用奖惩制度

农村金融信用管理体系是为农村金融发展与经济增长服务的。而这一功能的发挥是建立在信用管理制度深入人心的基础上的。政府可以通过建立红黑榜的方式，以奖惩制度来鼓励农户和乡镇企业遵守信用制度，规范信用行为。红黑榜顾名思义指的就是对于那些信用等级较高的农户和企业给予奖励，提供便利。例如，信用等级越高的农户和企业能够从金融机构中获得的信贷资金也就越多等。而对于信用等级较低的农户和乡镇企业，则可以采取公开曝光、取消贷款权限等做法来约束其经营活动。

六、完善农村金融信贷体系

信贷供给与需求是农村金融市场的基本内容，信贷业务的发展对于农村金融市场、农村经济增长有着直接的影响。从目前中国农村金融需求来看，小额信贷是最为主要的金融需求。因此完善农村金融信贷体系需要从发展小额信贷出发，以金融组织体系建设、政策支持、普及宣传为手段推动惠农信贷金融体系建设。

（一）完善农村金融组织

作为金融供给的主体的金融组织的数量与质量决定了农村金融需求能否得到满足，更决定了农村金融的发展速度。完善的金融组织体系包括正规金融与非正规金融以及各类融资服务机构。针对目前中国农村金融组织体系中正规金融组织比例过大，融资服务机构较少的现状，可以采取以下措施来完善农村金融组织体系。

首先要创新金融组织。虽然说正规金融组织在农村金融供给中占有绝对的主导地位。但这并不意味着非正规金融组织就变得无足轻重。相反，由于目前农村金融需求以小额信贷为主，而正规金融组织这方面的金融业务较少。因此非正规金融组织的重要作用就凸显了出来。因此，国家要鼓励农村发展小额信贷公司等非正规金融组织，满足农村的小额信贷需求。

其次要扬长避短地发挥各类金融组织的作用。正规金融组织的优势在于资金充足，审核严格，风险较低，因此正规金融组织要尽可能地开展经济建设金融业务，如农村基础设施建设贷款、农业科技研发贷款等，为农村经济的发展创造良好的环境。非正规金融组织的优势在于贷款效率高，小额信贷业务多。因此，非正规金融组织应当将业务重点放在农民的短期小额贷款需求上，尽量不做大型信贷项目，以免因资金链供应不上出现金融风险。

最后要建立健全农村金融服务机构。金融服务机构虽然不直接涉足金融业务，但是作为金融机构与农民、乡镇企业的中间桥梁，金融服务机构的存在能够有效地提高金融效率。同时金融服务机构也可以承担征信、担保、技术培训等职责，更好地规范农村金融的发展。

（二）有效提高财政资金的利用效力

从其他国家小额信贷的发展经验来看，小额信贷可持续发展的关键在于利率较高。但是在实践中一个不容忽视的问题就是小额信贷需求主体以经济能力较差的群体为主。这就意味着小额信贷需求方难以承受小额信贷的高利率。因此，为了更好地推动农村小额信贷业务的发展，政府必须给予充分的财政资金补贴。鉴于过高的财政补贴很容易导致农村小额信贷业务失去活力，政府要找到在不影响小额信贷收益的情况下促进金融机构发展的平衡点。具体做法可以参照以下建议。

一是完善财政资金扶持的制度，将财政补贴的比例保持在50%—60%，在扩大贴息范围的同时，降低道德失信的风险。二是增加农业保险补助，鼓励农户参加涉农保险，降低贷款的风险。三是开发小额信贷的产品种类时，要结合

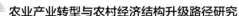

财政补贴的引导性、信贷资金的灵活性、科学技术的支持性等所有有利于小额信贷发展的有利因素，融合包括金融、财政、产业在内的各类型支持政策，为农村的小额信贷用户提供有效的金融支持，提升各类惠农政策的实施效果，逐步实现十七大报告提出的"使更多的劳动者成为创业者"的目标。

（三）发展小额贷款业务

完善农村金融信贷体系的关键在于小额信贷业务的发展。这也是实现每位农民都能够享受到金融服务便利的一条重要途径。而发展农村小额信贷业务要充分把握好以下几点。

第一，改变当前信贷业务方式。目前中国农村信贷业务的开展是以房屋、土地等不动产的抵押为保障的，但是农村企业和农户并不具备可用于抵押的不动产，因此也就难以获得信贷支持。而小额信贷对于资金量的需求并不大。在这种情况下，让农村企业和农户抵押房屋土地毫无疑问也不公平。因此，对于小额信贷业务，可以考虑虚拟资产评估与测评机构担保相结合的方式，即在信贷过程中，金融机构要求信贷测评机构对农村企业和农户的信用等级和未来发展前景进行评估，再确定是否放贷。

第二，合理地确定小额信贷利率。正如前面所提到的利率的高低是小额信贷发展的主要影响因素。过低的利率将会减少金融机构的收益，增加放贷风险，挫伤金融机构的积极性；过高的利率将会导致小额信贷业务无人问津。因此要综合考虑信贷供给方与需求方的利益，将影响利率的诸多因素放在数据模型中进行评定，最终确定利率，在满足农村小额信贷需求的情况下提高金融机构的经济效益。

第三，建立农村小额信贷的专业主体。金融机构单独开辟小额信贷版块有"大材小用"之嫌。而金融机构烦琐的审批流程和较高的人力资源成本使得开辟小额信贷版块的成本大幅度上涨。对此，可以采用贷款批发商的方式将小额信贷的放贷权下放给批发商。这样既能够充分利用小额信贷灵活的特点，也能够降低金融机构的运营成本。

（四）加大宣传力度，提高农民认识水平

随着互联网等多重沟通方式的不断更新以及人民文化水平的普遍提高，了解金融知识的公民越来越多。但是知识水平相对落后的农村地区，对金融知识的情况仍是一知半解。这种现象不仅会让小额信贷很难得到推广，而且会增加小额信贷公司本身的信用风险。因此，必须对农村地区加大金融知识普及力度，

使农民对金融有一个较全面的了解，在将其作为脱贫工具的同时也能够遵守其制度，并合理、有效地使用金融工具促进自身发展。组织开展乡镇、社区的金融知识宣讲，增进公众对金融知识的了解，同时，逐步提高农村用户对信用的重视程度，不断地完善信用记录，保障贷款的还款执行率，降低损失。

第六节 充分发挥乡镇政府的职能作用

当前，农村经济出现有效需求不足，农村市场疲软，农民收入增长缓慢，农业结构不合理等问题。这揭示了农业结构调整是势在必行的。只有调整农业和农村经济结构，才能提高农业整体效益和增加农民收入，才能推动农业现代化和农业可持续发展。农业和农村经济结构的战略性调整。成了基层乡镇政府新阶段内农业和农村工作的中心任务。

一、制订好农村经济结构调整的发展规划

对农业和农村经济进行战略性调整，是党中央全面分析农业和农村形势做出的重大决策。农村经济结构调整，不仅要解决当前农产品"卖难"和农民增收困难的问题，而且要立足于农业和农村经济的长远发展；不仅要考虑农业和农村自身的发展，而且要考虑国民经济的全局，是一种具有全局意义的战略性调整。为顺利落实中央的战略部署，乡镇政府必须深刻领会中央精神，更新观念，统筹兼顾，科学决策，做好规划。规划主要是包括结构调整计划、方针和政策，资源开发、技术改进和智力开发等方案，重点建设项目特别是以水利为重点的农业基础设施建设。制订规划要按照适应市场、因地制宜、突出特色、发挥优势的原则，同时考虑农民的承受能力，把中央精神和当地实际结合起来，防止生搬硬套，盲目蛮干，就乡镇的实际情况做好规划。农业生产结构必须根据市场需求变化，全面优化农作物品种，减少不适销品种，扩大优质农产品生产，努力提高农产品质量。就优化农业生产布局而言，要因地制宜，发挥区域优势，发展特色农业。在调整中既要巩固农业基础地位，切实保护和稳步提高粮食的综合生产能力，又要全面发展第一、二、三产业，优化农业的产业结构。这一切都需要乡镇政府着眼全局，着眼长远，着眼发展，科学规划，组织实施，指导结构调整向深度和广度推进。

二、以市场为中心，加强宣传引导

乡镇政府要懂得用市场的方法来调整农业和农村经济结构，要彻底改变一切由政府包揽计划和下达行政命令来进行调整的习惯做法，要充分尊重农民群众的生产经营自主权。农民是市场经济的主体，又是农业和农村经济结构调整中的主体。农民这个主体在农村经济结构调整中既是实施者，也是市场风险承担者，应当掌握调什么、怎么调的最终决定权，自己做主。政府职能部门和干部不能搞"一刀切"、瞎指挥，更不能强迫命令农民，层层压指标。这是进行结构调整所需要遵循的原则，切不可违背。但是，强调充分尊重农民的意愿，不等于说政府部门可以不作为，甩手不管。相反，政府职能部门和干部在结构调整中责任重大。其中，重要的一项责任就是要做好政策宣传引导工作，让广大农民自觉参与到经济结构调整中来，从党的各项政策和工作中得到实惠，使广大农民能充分发挥优势，发展特色农业，加快农业和农村经济结构的调整。这既是农村改革的一条重要经验，又是农村工作中一项不可违反的原则。乡镇政府要不断加强和改善对农业和农村工作的领导，坚定不移地贯彻党在农村的基本政策，同时要制定支持和推动结构调整的政策措施，充分发挥政策的威力，组织、引导农民进行结构调整。当前，乡镇政府应加强做好以下几方面的政策引导。

（一）保护粮食生产能力

粮食是农业的基础，也是结构调整的基础。乡镇政府在农村经济结构调整中一定要切实保护和稳步提高粮食的综合生产能力。认真实行基本农田保护制度，严禁乱占耕地；贯彻执行中央关于粮食流通体制改革的各项政策，切实保护好农民种粮的积极性；实行粮食收购优质优价政策，进一步拉开品种、质量差价，促进粮食品种结构调整。

（二）推动农产品加工业的发展

发展农产品加工业，不仅可以有效地提高农业综合效益，而且可以促进农业结构调整。乡镇政府应当搞好规划，制定政策，促进农产品加工业的发展。一是按照国家产业政策引导农产品加工企业形成合理的区域布局和规模结构，在多层次加工转化中着重发展精深加工，努力开发新产品，积极发展优质名牌产品。二是调整各项农业建设资金的投资方向和建设重点，加大扶持优质、高产、高效农产品加工和转化的力度。三是实行优惠的税收政策，降低农产品加工企业的税率，提高农产品加工企业的农产品进项抵扣率，并对进口农产品加工设备和引进先进技术的企业，在关税上给予优惠。四是重点扶持有基储、有优势、有特色、有前景的农产品加工企业，在基础建设、原料采购、设备引进和产品出口等方面给予具体的帮助和支持，从而使其能够运用现代科技扩大经营规模，以推动农业和农村经济结构的战略性调整。

（三）加强农产品市场的建设

要按市场需求进行农村经济结构调整，就必须加强农产品市场的建设，充分发挥市场对农村经济结构调整的带动作用。首先，加快发展产地批发市场是农民接受市场信息和出售大宗农产品最便捷的渠道。要在合理规划的基础上，增加投入，重点扶持，加快建设，完善设施，规范发展。其次，坚持和完善多渠道流通形式。要坚持国有、集体、个体一起上的方针，在发挥国有商业的主渠道作用的同时，注意发挥农民购销队伍等渠道的重要作用，积极扶持各类农产品流通的中介组织，发挥它们搞活农产品流通、推动农业结构调整的作用。再次，本着"谁投资谁受益"的原则，发动和鼓励各种社会力量参与市场建设，用优惠政策鼓励和宽松的环境条件吸引更多的市场经营者。最后，要健全市场法规，维护市场秩序，反对封锁和垄断，使参与农副产品交易的各方有章可循，有法可依，有利可得，公平竞争，尽快形成统一、竞争、有序的农产品市场体系，从而保证农副产品能够有序、合理地流通。

（四）促进农业科技进步

科学技术在农业增产、农民增收中起着重要的基础作用。因此，必须加强农业科研和推广，将农业发展真正转移到依靠科技进步和提高劳动者素质上来。当前，应主要实行以下倾斜政策。第一，支持农业科技工作以市场为导向，以提高农业效益、改善生态环境为主要目标，重点开发和推广优质高产高效技术、加工保鲜储运技术和农业降耗增效技术，发挥科技对农村经济结构调整的作用。第二，加大扶持力度，做好现有先进适用农业科技的推广应用，在推广优良品种、普及新技术、提高质量上下功夫，以满足农村经济结构调整的需要。第三，严格执行《农业技术推广法》，壮大农业科技推广队伍，并为其提供必要的工作条件，以增强其推广服务功能。建立农业科技成果推广普及的利益机制，把科技推广服务与实际利益结合起来。第四，加大对科学技术知识的宣传力度，尤其要利用各种办学条件来加大对农民群众的生产劳动技能的培训，努力提高农民的劳动素质。

（五）加强基础设施建设

当前要着重做好以水利为重点的农业基础设施建设，以植树种草、水土保持为重点的生态环境建设，以公路、电网、供水、通讯为重点的农村生产生活设施建设，以优质高产粮食生产基地、饲料作物生产基地为重点的农业综合开发项目建设。加强基础设施建设是稳定提高农业综合生产能力的根本途径，也是顺利推进农业和农村经济结构调整的基本保证。乡镇政府应高度重视，多争取基础设施建设项目，加大投入，加强建设。在提醒农村信用社加强防范金融风险的同时，引导其改善金融服务，增加对农业的投入，对农户的种养业和小额信贷扶贫项目适当放宽抵押、担保条件。要引导农民个人和集体增加农业投入，并鼓励社会资金投向农业，多渠道引进外资。

（六）发展小城镇和乡镇企业

发展小城镇和乡镇企业，可以推动农村剩余劳动力向第二、三产业转移，促进农村经济布局和产业结构的调整。乡镇政府要认真制定政策，发挥扶持引导作用，要坚持因地制宜、循序渐进的方针，合理布局，科学规划。要研究制定鼓励农民进入小城镇的政策和社会各方面投资建设小城镇的政策。要切实搞好规划，制定有力措施，把农村市场建设、发展小城镇与乡镇企业结合起来。

三、提供信息服务，帮助农民走向市场

由于农民对变化的市场还感到茫然和无所适从，从而导致种植结构调整的盲目性强。大多数地方不是很重视信息服务，导致时而发生农产品滞销、积压甚至损坏的现象，进而导致农民利益直接受损。市场信息已成为产品销售好坏的一个最重要因素。在进行农业和农村经济结构调整时，乡镇政府必须坚持实事求是的原则，既要从当地资源优势出发，又要充分考虑市场需求，要花大力气搞好调查研究，在充分占有信息的基础上做好市场预测，为农民提供信息服务。主要应向农民提供价格、生产、库存、气象等信息，提供中、长期市场预测，帮助农民按照市场需求安排好农业生产和经营管理。乡镇政府要把信息服务作为引导农业进行农村经济结构调整的重要手段，发挥政府部门信息灵通的优势，建立起"农经网"等权威的信息网络，及时准确地向农民提供市场信息。同时，要注重组建本乡镇和村的专业营销队伍，保证产、供、销各个环节的畅通。目前，农业信息化建设投入不足，农业信息管理水平低，农业信息体系不健全。因此，乡镇政府要增加投入，加快农产品市场信息体系建设，规范信息管理，改进信

息处理和传播手段，提高信息工作人员技术素质，完善信息发布制度，切实做好农民的信息服务工作。

四、搞好技术示范，发挥辐射带动作用

对农业和农村经济结构进行战略性调整，要解决的不只是当前农产品难卖、价格下跌的问题，而是要全面提高农业生产水平和农村经济和效益，整体推进农业和农村的现代化。要适应这个要求，就必须大力推进农业科技进步，以科技进步为基础进行农村经济结构调整，提高对先进农业科技成果的吸纳能力，发展质量型农业。相关实践证明，农业技术推广机构和农业技术人员通过转包农民土地，创办农业科技示范基地，一方面搞试验、示范，另一方面向农民出售良种，提供技术服务，使科技对农村经济结构调整的作用得到很好发挥。乡镇政府要制定措施，狠抓落实，完善农业技术推广机制，提高服务水平。努力向上争取项目，争取使上级财政拨出专项经费作为启动资金，支持各地以现有乡镇农业服务中心为基础，有计划、有重点地创办一批农业科技示范场，使之成为农业新技术试验示范基地、优良种苗繁育基地、实用技术培训基地，在农村经济结构调整中发挥辐射带动作用。

参考文献

[1] 赵玮，韩高科. 当前农村三大产业融合的理论及其影响研究 [M]. 长春：东北师范大学出版社，2018.

[2] 林晓梅，钱茜. 农村经济发展的金融支持研究 [M]. 成都：电子科技大学出版社，2017.

[3] 黄崎. 中国农业转型升级新模式 [M]. 北京：国家行政学院出版社，2013.

[4] 冯小. 去小农化——国家主导发展下的农业转型 [M]. 武汉：华中科技大学出版社，2017.

[5] 杜青林. 中国农业和农村经济结构战略性调整 [M]. 北京：中国农业出版社，2003.

[6] 王永龙. 中国农业转型发展的金融支持研究 [M]. 北京：中国农业出版社，2004.

[7] 付陈梅，李敬. 中国农产品质量安全保障体系研究——基于中国农村改革与农业发展转型的现实背景 [M]. 北京：经济日报出版社，2016.

[8] 牛若峰，朱泽. 中国农业和农村经济结构的战略性调整 [M]. 武汉：湖北科学技术出版社，2001.

[9] 叶连松. 转变经济发展方式与调整优化产业结构 [M]. 北京：中国经济出版社，2011.

[10] 张承惠，潘光伟. 中国农村金融发展报告（2017—2018）[M]. 北京：中国发展出版社，2019.

[11] 沈开艳. 结构调整与经济发展方式转变 [M]. 上海：上海社会科学院出版社，2012.

[12] 简新华. 中国经济结构调整和发展方式转变 [M]. 济南：山东人民出版社，2009.

[13] 许伟. 推动农业产业化转型升级 [J]. 黑龙江粮食，2016（10）.

[14] 李旭东，谢晋. 农业转型升级阶段农村休闲农业发展模式研究 [J]. 农业经济，2015（7）.

[15] 熊倩，任丹丹，张承龙. 农村经济结构优化对策研究——基于湖北省2008—2016 年统计年鉴数据 [J]. 农业与技术，2019（5）.

[16] 金永杰. 优化农村经济发展模式　助力农业供给侧改革 [J]. 吉林农业，2017（16）.

[17] 杨海娟. 加快转变农业发展方式　推进农业产业结构调整——以广西桂林为例 [J]. 农业与技术，2017（4）.

[18] 黄花. 我国农村一二三产业融合发展的理论探讨 [J]. 中国石油大学学报（社会科学版），2019（2）.

[19] 沈立宏. 现代农业产业园　农业转型升级的助推器 [J]. 农村工作通讯，2017（23）.

[20] 舒健. 加快农业转型升级　促进现代农业发展 [J]. 甘肃农业，2015（2）.

[21] 王瑾. 关于加快农业转型发展的若干思考 [J]. 经济师，2016（2）.

[22] 孔伟漫. 我国农地金融制度对农业转型影响的研究 [D]. 湘潭：湘潭大学，2016.

[23] 赵石明. 农民专业合作社对农业转型的影响研究——以江苏省为例 [D]. 南京：南京农业大学，2010.

[24] 王宝文. 农村劳动力流动对农村经济结构的影响 [D]. 兰州：西北师范大学，2012.

[25] 李改草. 农村经济结构调整理论和实践 [D]. 西安：西北工业大学，2004.

[26] 钢花. 提高农民素质技能是农村经济结构调整之根本 [D]. 北京：中央民族大学，2005.

[27] 狄波. 基于供给侧结构性改革的山东农业转型升级支持政策优化研究 [D]. 济南：山东财经大学，2017.